Joachim Kleemann

Schweres Gepäck

Lebensschicksale, die jeden treffen können

Verlag der
Liebenzeller Mission
Lahr

Die Deutsche Bibliothek – CIP-Einheitsaufnahme

Schweres Gepäck : Lebensschicksale, die jeden treffen können / Joachim Kleemann. – 2. Aufl. – Lahr : Verl. der Liebenzeller Mission, 1996
(TELOS-Bücher ; Nr. 7705 : TELOS-Taschenbuch)
ISBN 3-88002-578-9
NE: GT

ISBN 3 88002 578 9

TELOS-Bücher
TELOS-Taschenbuch 77705

1. Auflage 1995
2. Auflage 1996

Umschlaggestaltung: Grafisches Artelier Arnold, Dettingen/Erms
Fotos innen: LM-Archiv und privat
Gesamtherstellung: St.-Johannis-Druckerei, 77922 Lahr
Printed in Germany 12665/1996

Inhalt

Vorwort

Mission ist mitgeteiltes Leben. Sie ist nicht nur religiöse Ansichtssache oder christliche Glaubenslehre. Mission hat mit Zeugen zu tun, mit Menschen, die von dem leben, was sie glauben, die manchmal mit hohem Einsatz und Risiko vertreten, was sie selbst gefunden haben und andere finden können. Das aber erfordert Opfer.

Als ich die Berichte in diesem Buch las, empfand ich nur eines: ein stilles und herzliches »Danke« allen, die hier schreiben. Sie haben mit ihrem Leben vertreten, was ihnen der Glaube an Jesus Christus wert ist. Sie haben Heimweh ertragen, um Angehörige geweint und immer wieder doch eines gefunden: »Der Herr ist gut, in dessen Dienst wir stehen.«

Das kann man nicht ausrechnen und erklären. Das geht – mit Philipp Friedrich Hiller – so:

Wie dieses mag geschehen,
das kann man nicht verstehen.
Allein man sieht am Ende:
Es ging durch Gottes Hände.

Ich danke euch, ihr Missionare und ihr Missionarsfamilien. Euer Zeugnis ermutigt. Ich erachte es als ein Vorrecht, euren Dienst unterstützen und begleiten zu dürfen.

Hanspeter Wolfsberger

Freizeitheim Okutama: Jugendfreizeit beim Reiskuchenstampffest

Kinderfreizeit

»Gehen Sie dahin, wo Sie begraben sein wollen«

von Marliese Harm

Diese Antwort des japanischen Arztes auf einige Fragen meines Mannes war unmißverständlich, sie brachte alles in Bewegung. Mein Mann war 47 Jahre alt. Was war geschehen?

Manfred hatte Krebs.

Wir waren als Familie im Sommer 1989 mit unseren sieben Kindern vom vierten Heimataufenthalt in Deutschland wieder nach Japan zurückgekehrt. (Es ist in unserer Mission üblich, nach vier Jahren Arbeit auf einem Missionsfeld für ca. ein Jahr in die Heimat zurückzukommen, um sich kurz zu erholen und durch Missionsvorträge bestehende Kontakte aufzufrischen und neue Missionsfreunde zu gewinnen.) Wir leiteten das Freizeitheim der Liebenzeller Mission in Okutama, 80 km westlich von Tokio. Beim Arztbesuch kurz nach unserer Rückkehr stellte der japanische Arzt bei meinem Mann Darmkrebs fest. Er mußte operiert werden. Am Abend vor der Operation entdeckten die Ärzte in beiden Lungenflügeln ebenfalls Krebszellen.

Schock, Angst, Fragen. Warum diese Krankheit? Warum hat der Arzt in Deutschland sie nicht entdeckt? Wie konnte Gott uns »grünes Licht« für Japan geben, wenn mein Mann krank war?

Die Nachricht »Manfred hat Krebs« löste in unserem Bekannten- und Verwandtenkreis große Besorgnis aus. Viele begannen anhaltend zu beten. Durch die Arbeit im

Freizeitzentrum Okutama waren wir mit vielen Japanern innerhalb und außerhalb des japanischen Gemeindeverbandes verbunden. Auch in Deutschland beteten viele liebe Missionsfreunde für uns. Das war eine Erfahrung, die wir nicht missen wollen.

Der Arzt machte uns Hoffnung, da bei der ersten Operation keine weiteren Metastasen zu erkennen waren. Er erzählte uns von verschiedenen Fällen, die geheilt wurden. Wir schöpften Hoffnung. Nach einigen Wochen folgte eine zweite Operation. Sie verlief ohne Komplikationen, und es verheilte alles gut. Die Zeit im Krankenhaus war eine neue Erfahrung. Es gab so manches Gespräch mit Kranken, Krankenschwestern und Ärzten. Besucher kamen ins Krankenhaus, um nach dem Sensei (»Lehrer«) zu sehen. Fast jeden Tag kam auch ein Pfarrer, der ganz in der Nähe wohnte, um Manfred ein kurzes Bibelwort zu lesen und mit ihm zu beten. Das tat gut und war das, was er brauchte. Für mich wurde extra ein Fahrdienst eingerichtet, damit ich jeden Tag mit Mirjam, unserer Jüngsten, meinen Mann besuchen konnte.

Nach der Entlassung wurde eine Chemotherapie in Form von Tabletten begonnen. Es war ein mulmiges Gefühl für Manfred, denn was hatte man nicht schon alles über die Nebenwirkungen gehört: Übelkeit, Haarausfall usw. Wie froh und dankbar waren wir daher, daß Manfreds Allgemeinbefinden nicht beeinflußt wurde. Manche Arbeit konnte er, wenn auch begrenzt, tun.

Bei den Kontrolluntersuchungen stellte der Arzt einen Narbenbruch fest, auch daß mit der Galle etwas nicht in Ordnung war. Der Operationstermin wurde auf Anfang September 1990 festgelegt. Bei dieser Operation stellte sich heraus, daß sich die Krebsgeschwüre, wenn auch kaum sichtbar, ausgebreitet hatten und nicht mehr operativ zu entfernen waren. Das hatten wir am wenigsten erwartet, war doch bisher alles so gut verlaufen. Ganz offen fragte Manfred, wie lange er denn noch leben würde. »Vielleicht nur noch drei Monate, es kann aber auch ein halbes Jahr sein.«

Das schlug wie eine Bombe ein. So ernst stand es also. Gab es denn keine Hoffnung? Nach den ärztlichen Statistiken überstehen 20 Prozent der Patienten die Prozeduren der Chemotherapie. Der Arzt sagte auch etwas, was mir erst im nachhinein so richtig bewußt wurde. »Jeder Mensch ist anders«, betonte er. »Man kann nicht sagen: Dieser ist gesund geworden, also muß es bei mir auch so der Fall sein, das ist Unsinn. Als Arzt muß ich immer mit dem Schlimmsten rechnen, und wenn es nicht so kommt, dann um so besser.«

Es hatte alles so hoffnungsvoll ausgesehen. Wir wollten nicht nach Deutschland zurück. Wir waren doch erst vor einem Jahr in ein großes Haus eingezogen. Die Kinder fühlten sich wohl. Wir hatten einen Auftrag, der unsere Anwesenheit voraussetzte. So viele Fragen tauchten plötzlich auf und drohten uns zu ersticken.

Was blieb uns da noch, wenn es äußerlich so aussah? Es gab nur noch einen, der helfen konnte – Gott. Wir klammerten uns an ihn. Zwei Worte waren es, die uns einen Hoffnungsschimmer gaben: »Gott kann!« Am liebsten wäre uns gewesen, wenn Gott einen Brief geschrieben hätte, in dem klar und ohne Mißverständnis geschrieben stand, daß Manfred wieder geheilt würde und so danach vielleicht um so besser Gott dienen könnte.

Vielleicht sollte das eine Prüfungszeit für uns sein. Es ist ja oft so, daß im Getriebe des Alltags manches zur Routine wird, wenig Zeit für das Wichtigste bleibt. Je nach Charakter und Veranlagung sagt oder tut man Dinge, die unüberlegt sind, und erlebt Versagen, Selbstanklage, Zweifel. Die Bitte um Vergebung ist der einzige Ausweg und die einzige echte Befreiung aus diesem Karussell.

Manchmal schien alles wie ein böser Traum, aber es war nüchterne Tatsache. Einmal sprachen wir darüber, daß bis jetzt doch alles glatt gelaufen war: alle Kinder gesund, keine Unfälle oder schlimmen Krankheiten. Warum ging es uns bisher so gut? Muß man immer Angst haben, daß irgendwann etwas Schlimmes kommt?

Lange Jahre war ich der Ansicht gewesen, daß einem Missionar nichts passieren kann und darf. Dann wurden plötzlich Freunde, vertraute Menschen mitten aus dem Leben gerissen – die einen langsam durch Krankheit, die anderen unerwartet und schnell. Das hat mich neu zum Nachdenken gebracht. Wie, wenn es mich oder einen aus meiner Familie treffen würde? Wie gerne verdrängen wir diesen Gedanken ...

Nachdem Manfred aus dem Krankenhaus entlassen war, hatten wir nur noch vier Wochen Zeit, um uns auf die empfohlene Rückreise nach Deutschland vorzubereiten. Es fiel uns nicht leicht, dieser Entscheidung zuzustimmen. Neue Fragen tauchten auf. Sollte für uns nun plötzlich nach zwanzig Jahren die Missionsarbeit in Japan zu Ende sein? Wer sollte die angefangene Arbeit weiterführen? Was würde mit den Kindern, mit der Schule? Würden sie den plötzlichen Abschied von ihrer »Heimat Japan« und von den Freunden verkraften? Mußten wir wirklich unseren ganzen Haushalt auflösen und Liebgewordenes verlassen?

In all diesen Fragen, die schier unlösbar schienen angesichts der kurzen Zeit, klammerten wir uns fest an

Gott. Wenn auch alles unbegreiflich war, so lernten und wußten wir dennoch: Gott trägt uns durch und er weiß, warum und wozu uns dies alles auferlegt ist!

Unterstützt von japanischen Freunden und anderen Missionaren, konnten wir innerhalb von vier Wochen alles ordnen, klären, packen, auflösen. Viele Bibelverse sollten uns stärken, trösten, aufmuntern. An Besuchern und Telefongesprächen fehlte es nicht. Viele Bekannte und Freunde wollten sich persönlich verabschieden. So mancher meinte: »Manfred, du wirst wieder gesund und kehrst nach Japan zurück.« Worauf er antwortete: »Ob ich gesund werde, das kann ich nicht sagen, das will ich Gott überlassen. Hauptsache ist, daß wir uns im Himmel wiedersehen.«

Viele haben uns damals von ihren eigenen Erfahrungen berichtet. Es gab auch jemand, der uns ein bestimmtes Präparat schenken wollte, mit der Bemerkung, daß dadurch die Krankheit bestimmt geheilt würde. Eines ist uns klargeworden: Wir können durch keine Mittel unser Leben selbst retten oder Krankheit heilen. Gott bestimmt Zeit und Stunde, wann unser Leben endet. Gott kann auch Medizin benutzen, und wir haben damals alles Mögliche getan, was notwendig und wichtig war.

Wir möchten diese Zeit in Japan nicht missen. Auf verschiedene Weise wurde die Liebe der Japaner sichtbar. Gemeinsame Erlebnisse auf Freizeiten, manche Erinnerungen und Begebenheiten wurden Begegnungen mit Gott. Wir waren ja mit den Japanern verwachsen. Es fiel uns nicht leicht, Japan zu verlassen. Eine große Schar Bekannter und Freunde verabschiedete uns am Flughafen. (Es wurde extra ein großer Raum gemietet, um in der letzten Stunde nochmals Gemeinschaft zu haben.) »Wir beten für euch«, sagten viele beim Abschied, und das war uns ein großes Geschenk. Wie nie zuvor haben wir erfahren, welch ein großes Vorrecht es ist, Gottes Kind zu sein – umgeben von Glaubensgeschwistern, die uns mit Rat und Tat zur Seite stehen.

In Deutschland lebten wir (besonders die Kinder) uns verhältnismäßig gut ein. Bei Manfred folgten verschiedene Untersuchungen und Chemotherapien, die sehr an ihm zehrten. Daß es gesundheitlich erst einmal bergab geht, hatten wir auch von anderen gehört, die dasselbe durchgestanden hatten. Als wir uns manches kauften und anschafften, da wir ja jetzt für immer in Deutschland blieben, merkte ich, daß unsere Interessen nicht mehr die gleichen waren. Wenn ich begeistert von einem neuen Schrank schwärmte, sagte Manfred nur: »Das brauche ich sowieso nicht mehr.« Ich wollte diese Aussagen nicht wahrhaben, wollte sie ihm ausreden. Vielleicht war er nervlich nicht mehr so stabil. Wir wollten doch noch so vieles unternehmen, was wir bis jetzt der Kinder wegen nicht gekonnt hatten. Zwei Welten waren zu spüren: Zeit und Ewigkeit.

Um die Weihnachtszeit 1990 wurde ein Tumor in Manfreds Kopf entdeckt, der die rechte Körperhälfte beeinflußte und Lähmungserscheinungen hervorrief. Ende Dezember folgten fünf Wochen Krankenhausaufenthalt. Bestrahlungen und stärkere Schmerzmittel wurden nötig. Wir hofften auf Besserung. Ehrlich gesagt: Wer denkt in Krankheitsnot ans Sterben? Ist nicht Hoffnung auf Besserung und Heilung das Nächstliegende? Ich hatte Hoffnung bis zuletzt, daß Gott noch eingreifen und das Blatt wenden könnte. Gott kann Tote auferwecken, Blinde sehend und Kranke gesund machen. Er hatte doch wohl Mittel und Wege – tausendfach –, um auch Manfred gesund werden zu lassen!

Es ist oft ein langer Prozeß, bis Gott uns dahin bringt, wo er uns haben will. Wie viele Mosaiksteinchen müssen aufeinander abgestimmt sein, bis ein Bild entsteht! Wie viele kleine Ereignisse, Gespräche, Enttäuschungen, eigenes Versagen, Hören auf Gottes Wort und vieles mehr bringen uns zum Nachdenken und auf den Weg, den wir zu gehen haben. Gott ist ein weiser Vater, der genau weiß, wie er seine Kinder anfassen muß. Bin ich bereit, seinen Willen zu tun – nicht gezwungen, sondern von ganzem Herzen? Für mich tauchte damals immer mehr die Frage auf: Was aber, wenn Gott es anders bestimmt hat, als wir uns das wünschen? Will ich dann mit Gott nichts mehr zu tun haben? Kann Gott so grausam sein? Ist dann mein Glaube ebenfalls dem Tod geweiht?

Dann kam der Tag, an dem der Arzt mich aus dem Krankenzimmer rief und mir klar sagte, wie schwer Manfred krank war und daß er nicht mehr lange zu leben hatte. Sie konnten nur noch durch Schmerzmittel helfen. Da stand ich nun und hätte mich am liebsten zurückgezogen und meinen Tränen freien Lauf gelassen. Aber ich mußte zu Manfred zurück, und Gott gab mir die Kraft, meinen Schmerz zu verbergen. Zuerst mußte ich selber ein »Ja« finden, bevor ich im rechten Augenblick Manfred die Wahrheit sagen konnte.

In Jesaja 55,8.9 steht: »Meine Gedanken sind nicht eure Gedanken, und eure Wege sind nicht meine Wege, spricht der Herr, sondern so viel der Himmel höher ist als die Erde, so sind auch meine Wege höher als eure Wege und meine Gedanken als eure Gedanken.« Diese Verse hatten mir schon oft geholfen – und so auch dieses Mal. Das Wort: »Ja, Vater, dein Wille geschehe«, war wohl am schwersten zu sagen. Es war uns ein Trost, daß es Jesus selbst schwergefallen ist, diese Worte auszusprechen, als er in Gethsemane betete und mit sich rang.

Es war gar nicht einfach, ungestört über alles reden zu

können. Zu oft kamen Krankenschwestern oder auch Besucher. Doch gerade am wichtigsten Tag schenkte uns Gott die nötige Ruhe. Nachdem wir »Ja, Vater« (wenn auch unter Tränen) sagen konnten, war es auch möglich, über so manches zu reden und Dinge zu klären. Es tat Manfred leid, daß ich nun allein mit den Kindern sein müßte, wußte er doch, wie nötig wir alle ihn brauchten. Ich konnte ihn beruhigen und sagen, daß wir schon irgendwie durchkommen würden und daß er sich deswegen keine Sorgen zu machen brauchte.

Nachdem nun Klarheit herrschte, wich auch der innere Druck, wenn auch nicht völlig. Die Fragen bohrten: Wie werde ich die kommenden Tage und Wochen durchstehen? Woher nehme ich die Kraft? An solchen Tagen kann man oft keinen klaren Gedanken fassen. Alles will einem zuviel werden. Da ist es wohltuend, zu wissen: Es gibt Menschen, die beten für mich – für uns! Wenn ich uns etwas aus der Bibel las und betete, kamen auch gleich die Tränen hoch. Wie froh war ich, wenn dieser Dienst von einem Besucher übernommen wurde und ich nur zuzuhören brauchte.

Nach ungefähr fünf Wochen erklärte mir der zuständige Arzt, daß sie gerne meinen Mann nach Hause lassen würden, wenn wir ihn zu Hause pflegen könnten. Normalerweise würden sie einen so Schwerkranken nicht mehr entlassen, aber er sehe, daß wir ein gutes Verhältnis zueinander hätten, und es wäre vielleicht auch für die ganze Familie gut.

Manfred konnte es kaum erwarten, nach Hause zu kommen. Insgeheim war wohl eine gewisse Angst da, ob er es noch erleben würde. Wenn ich abends heimging, war seine bange Frage: »Mußt du schon gehen? Wann kommst du wieder?« Am Abend kam meistens ein langjähriger guter Freund, der ihn versorgte und im Rollstuhl umherschob. Für mich war das eine Erleichterung, denn ich hatte zu Hause noch andere Pflichten, und die Kinder warteten auch. Es war gut, daß unsere Oma da war und ich ohne Kinder jeden Tag ins Krankenhaus konnte.

Eine Woche lang konnte Manfred noch zu Hause sein. Sein Zustand verschlechterte sich rapide. Wie machtlos und hilflos sind wir, wenn wir zusehen müssen, wie Schmerzen den kranken Körper plagen. Da wünscht man sich, daß Gott doch schnell eingreifen möchte.

»Meine Zeit steht in deinen Händen« – dieser Vers ist uns in dieser letzten Woche noch begegnet, und das stärkte mich. Wir waren froh, daß wir noch ein wenig als Familie beisammensein konnten. Auch die Gewißheit, daß wir letztlich nicht an einer Krankheit oder einem Unfall sterben, sondern an Gottes Willen, ließ uns geborgen sein. Wir wußten: Wir sind in Gottes Hand. Er irrt sich nicht und macht keine Fehler. Er weiß, warum er jetzt so handelt, wenn wir das auch mit unserem Verstand nicht begreifen können.

Am Montag, dem 11. Februar 1991, fiel mein Mann in ein Leberkoma. Abends war unser Prediger zu Besuch. Die ganze Familie war versammelt, und er betete noch mit Manfred. Wir beteten zusammen das Vaterunser, und er segnete ihn, während er ihm die Hände auflegte. Am Morgen des 12. Februar verstarb Manfred. Jesus holte ihn zu sich in sein Reich.

Am 15. Februar 1991 standen wir am offenen Grab – unser Ältester war gerade 18 Jahre alt, die Jüngste zwei Jahre.

Nun sind schon vier Jahre seit Manfreds »Heimgang« vergangen. Es war eine Zeit des Lernens und Wachsens. Alleine alle Entscheidungen zu treffen, das war für mich eine der gefürchtetsten Situationen. Viel lieber stand und stehe ich im Hintergrund. Rückblickend kann ich sagen: Jesus ist ein treuer Gott, der seine Kinder nicht im Stich läßt.

Ich muß dazu sagen, daß ich in der neuen Situation nicht allein war. Zunächst möchte ich die vielen, vielen Beter erwähnen. Dankbar bin ich auch, daß ich mit den Kindern bei meiner Mutter wohnen kann. Sie kocht, putzt, usw. Wir machen vieles gemeinsam. Ohne ihre Hilfe ginge es nicht so gut. Auch die geistliche Gemeinschaft tut uns gut. Viel Hilfe haben wir aus der Liebenzeller Gemeinschaft in Weinheim und auch sonst erhalten. Ob es sich um Autofahren, handwerkliche Belange oder sonstiges handelte, immer waren Menschen bereit zu helfen, auch im Haushalt. Manche Ermutigung kam durch die Post. Das Hören christlicher Radiosendungen ist mir ein großer Gewinn geworden. Wie treffend waren manche Themen, die mich neu gestärkt haben. Unvergeßlich ist mir auch ein Teil einer Bibelarbeit in Japan über Jakobus und Petrus in Apostelgeschichte 12,1–7. Jakobus mußte sterben. Petrus war ebenfalls ein Todeskandidat, wurde aber auf wunderbare Weise gerettet. Ob da nicht die Angehörigen des Jakobus gefragt haben: »Warum mußte ausgerechnet Jakobus sterben und Petrus nicht? Ist Gott ungerecht? Ist ihm da ein Fehler unterlaufen? Wo war Gott, als Jakobus starb?«

Viele menschliche Fragen bleiben in dieser Zeit unbeantwortet. Eines aber steht fest: Gott trägt uns durch die schlimmsten Stunden. Ein Poster von den »Spuren im Sand«, das ein Besucher im Krankenhaus in Manfreds Blickrichtung an der Wand befestigt hatte, soll uns daran erinnern:

SPUREN IM SAND

Ich träumte eines Nachts,
ich ging am Meer entlang mit meinem Herrn.
Und es entstand vor meinen Augen, Streiflichtern gleich,
mein Leben.
Nachdem das letzte Bild vorbeigeglitten war,
sah ich zurück und stellte fest,
daß in den schwersten Zeiten meines Lebens
nur eine Spur zu sehen war.
Das verwirrte mich sehr, und ich wandte mich an
den Herrn: »Als ich dir damals alles, was ich hatte,
übergab, um dir zu folgen, da sagtest du,
du würdest immer bei mir sein.
Warum hast du mich verlassen, als ich dich
so verzweifelt brauchte?«
Der Herr nahm meine Hand.
»Geliebtes Kind, nie ließ ich dich allein,
schon gar nicht in Zeiten der Angst und Not.
Wo du nur ein Paar Spuren in dem Sand erkennst,
sei gewiß:
Ich habe dich getragen!

Jeder Mensch ist ein Original – es gibt keine Doppelgänger auf dieser Erde. So verschieden wie die einzelnen Menschen sind, so verschiedene Wege hat Gott für uns. Er liebt mich und uns unendlich. Er hat die Ewigkeit im Auge und möchte mich dafür zubereiten. Er möchte mir versichern, daß nichts mich berühren kann, was nicht von ihm genehmigt ist.

Alles, was ich durchstehe, soll anderen dienen. Nun kann ich andere Menschen, die Ähnliches erleben, besser verstehen und mit ihnen fühlen. Manchmal stellte ich mir die Frage: Was hätte ich besser machen können? Wo habe ich versagt? Das alles kann ich nur Jesus überlassen. In dieser Abhängigkeit werde ich immer bleiben.

Beten lernt man an den Nullpunkten des Lebens, las ich. Solche Nullpunkte gab es schon oft in meinem Leben. Wichtig ist meine innere Einstellung, mein Verhältnis zu Gott, der innere Friede. Ruhen in ihm, dem Weinstock Jesus, wie Hudson Taylor es ausdrückte.

Familie Harm im März 1993. Marliese Harm. Einzelhandelskauffrau. Dezember 1970 bis Oktober 1990 als Missionarsfrau in Japan (Gemeindearbeit, später im Freizeitheim Okutama). Seit Februar 1991 verwitwet, sieben Kinder, lebt heute in Deutschland bei Weinheim.

Palau, Mikronesien

Palau

Er kam nicht zurück

von Juanita Simpson

»Denke an das Wort, das du deinem Knecht gabst, und laß mich darauf hoffen. Das ist mein Trost in meinem Elend, daß dein Wort mich erquickt.«

Die Stimme des kleinen palauischen Gemeindeältesten wollte brechen, als er die Worte aus dem 119. Psalm vorlas. Als Insulaner wußte er nur zu gut, wie unwahrscheinlich es war, daß John an diesem Freitag morgen, dem 8. September 1967, noch lebend wieder auftauchen würde. Nur Gott und ich selber wußten, daß man ihn auf dieser Erde nicht mehr lebend finden würde. Er war durch das nasse Grab in die Arme des Hirten seiner Seele gefallen, so wie der Herr es mir sechs Jahre zuvor gesagt hatte.

Und doch gab mir das Wort Gottes an diesem schmerzvollen Morgen Hoffnung und Freude. Es erinnerte mich wieder an die Verheißungen, die Gott mir gegeben hatte – für John, für die Kinder, für mich und für sein Werk in unserem geliebten Mikronesien. Schon Jahre zuvor hatte ich gelernt, daß »Gott nicht ein Mensch ist, daß er lüge . . . Sollte er etwas reden und nicht halten?« (4. Mose 23,19)

Fast sechs Jahre waren vergangen, seit Gott mir begegnet war und mich mit deutlicher Stimme in seine Arbeit als Missionarin auf den Inseln Mikronesiens gerufen hatte. Hundert Fragen und Einwände hatte ich damals; alle zerstreute der Herr, als ich in kindlichem Glauben zu ihm emporblickte. Und dann nahm ich an jenem Abend all meinen Mut zusammen und nannte endlich den wirklichen »Grund«, warum ich den Ruf unmöglich annehmen konnte – den Grund, der mich umtrieb und nicht loslassen wollte. Mit überfließenden Augen und zitternden Lippen fragte ich: »Aber Herr, denke doch an Johns Herzkrankheit . . . Du weißt doch, daß sie keine kranken Missionare aufs Missionsfeld lassen. Die Ärzte haben ihm gesagt, daß er es langsamer gehen lassen oder den Pastorenberuf aufgeben muß. Wie kann John je ein Missionar werden?«

Und dann gab der Herr mir die erste einer ganzen Reihe erstaunlicher Verheißungen. Da ich so gern ein Mensch des Glaubens sein wollte, hatte ich vorher das große »Glaubenskapitel« in der Bibel gelesen, Hebräer 11. Vor mir auf dem Sofa lag meine Bibel. Sie war genau an dieser Stelle aufgeschlagen, und mein tränenverschleierter Blick fiel auf den 12. Vers: »Darum sind auch von dem einen, dessen Kraft schon erstorben war, so viele gezeugt worden wie die Sterne am Himmel und wie der Sand am Ufer des Meeres, der unzählbar ist.« Und Gott flüsterte mir zu: »Das mit Johns Gesundheit stimmt. Jawohl, seine Kraft ist schon fast erstorben, aber das ist doch kein Hindernis für mich. Wenn du mir nur vertraust, werde ich sein Leben Frucht bringen lassen, so zahlreich wie der Sand am Meer.«

Um einen Glauben wie den Abrahams hatte ich gebetet. Abraham war allein in einem fremden Land gewesen, er wurde alt, der ersehnte Sohn wollte nicht kommen – und doch glaubte er Gottes Verheißungen, weil er fest auf sein Wesen, seine Macht, seine Treue vertraute. Er zweifelte nicht, sondern »gab Gott die Ehre und wußte auf das allergewisseste: Was Gott verheißt, das kann er auch tun« (Röm. 4, 20. 21).

Einen Monat später erfuhr ich einen der Gründe dafür, warum Gott mir eine solch felsenfeste Gewißheit über unseren Ruf nach Mikronesien gegeben hatte. Wir besuchten einen Abendgottesdienst in einem Nachbarort, in dem ein mit uns befreundeter Pastor predigte. Es geschieht selten, daß ich von einer Predigt nicht alles mitbekomme, denn ich liebe Gottes Wort und freue mich, wenn jemand es auslegt. Doch an jenem Abend rauschte die ganze Predigt an mir vorbei. Als unser Freund Cal den Bibelabschnitt vorlas, über den er sprechen wollte, war mir, als ob plötzlich Gott selber zu mir sprach und mir seine ganz persönliche Botschaft gab:

»Und nun siehe, durch den Geist gebunden fahre ich nach Jerusalem und weiß nicht, was mir dort begegnen wird, nur daß der heilige Geist in allen Städten mir bezeugt, daß Fesseln und Bedrängnisse auf mich warten. Aber ich achte mein Leben nicht der Rede wert, wenn ich nur meinen Lauf vollende und das Amt ausrichte, das ich von dem Herrn Jesus empfangen habe, zu bezeugen das Evangelium von der Gnade Gottes. Und nun siehe, ich weiß, daß ihr mein Angesicht nicht mehr sehen werdet, ihr alle, zu denen ich hingekommen bin und das Reich gepredigt habe« (Apg. 20,22–25).

Ich schluckte den Kloß in meinem Hals hinunter und kämpfte gegen die Tränen an. John, der direkt neben mir saß, durfte nichts merken! Meinte Gott das wirklich ernst? Würden all die Menschen in Amerika, denen John als Pastor und Evangelist gedient hatte, nie mehr sein Gesicht sehen? Ja ... Tief drinnen wußte ich es: John würde nach Mikronesien gehen, wie Gott es verheißen hatte, aber er würde nicht mehr zurückkommen.

Als mein erster Schock verflogen war, kam mir wieder Hebräer 11,12 in den Sinn: »... dessen Kraft schon erstorben war ...« Gab Gott also in seiner Liebe John ein paar zusätzliche Lebensjahre, in denen er in Mikronesien Menschen zu Christus führen konnte? Offenbar ja. Und wie viele Jahre? Ich wußte es nicht, aber da bei der Liebenzeller Mission usu die Zeit bis zum nächsten Heimaturlaub sechs Jahre betrug, mußten es wohl weniger als sechs Jahre sein. Und in diesen wenigen Jahren sollte es viel Frucht geben . . .

Ich wußte: Gott wartete darauf, daß ich »ja« zu seinem Plan sagte. Es war schmerzlich, aber schließlich konnte ich sagen: »Herr, dein Wille geschehe. Ich habe kein Recht, John festzuhalten, wenn du ihn benutzen willst. Entscheide du. Ich lege meine und seine Zukunft in deine liebenden Hände.«

Sollte ich John sagen, was Gott mir da gezeigt hatte, mein Wissen mit ihm teilen? Das war die Frage, die mich in den nächsten Tagen umtrieb. Würde dieses Wissen John helfen, die paar Jahre, die ihm blieben, auf das Beste zu nutzen, oder wäre es ihm ein lähmender dunkler Schatten? Ich wußte es nicht.

Schließlich löste ich das Dilemma durch ein Gebet: »Herr, wenn du willst, daß John oder sonst jemand davon erfährt, mußt du es ihnen selber erzählen. Ich kann diese Verantwortung nicht übernehmen. Ich werde es erst weitererzählen, wenn John nicht mehr da ist.« Und dann dankte ich Gott für seine Offenbarung, mit der er mich so behutsam auf das »finstere Tal« vorbereitete, das auf mich wartete.

Im 10. Kapitel der Sprüche Salomos heißt es: »Der Segen des Herrn allein macht reich, und nichts tut eigene Mühe hinzu.« In den folgenden Jahren mußte ich oft daran denken, was Gott mir über Johns Zukunft enthüllt hatte. Mit Staunen hatte ich erlebt, wie der größte aller Ärzte das Gebet seiner Kinder erhört und John geheilt hatte. Aus dem Schwerkranken war ein »junger Löwe« geworden. Fünf Jahre des Dienstes auf den Palau-Inseln hatte Gott ihm gegeben. Aber sein Wort an mich, daß

John nicht mehr nach Amerika zurückkehren würde, hatte er nicht zurückgenommen.

Ich hatte mich längst mit Johns kommendem Tod abgefunden, und doch weinte ich manchmal nachts, wenn ich daran dachte, wie die Jahre vergingen und der Tag X immer näher kam. Eines Tages merkte ich, daß ich mir ja vor allem Sorgen machte, wie John sterben würde. Und ich betete: »Herr, du hast John durch sein Leben ein Segen für so viele Menschen werden lassen; laß auch seinen Tod ein Zeugnis für dich sein.«

Ich erinnerte mich, wie wunderbar Gott in der Vergangenheit schon Orte und Zeiten geoffenbart hatte, und so fragte ich schließlich: »Herr, kannst du mir bitte sagen, wie John sterben wird? Dann kann ich wieder ruhiger schlafen.«

Mehrere Tage vergingen. Ich las damals in dem Propheten Hesekiel. Eines Abends, als ich das 28. Kapitel las, sprang mir Gottes Antwort aus der zweiten Hälfte des achten Verses entgegen: ». . . daß du den Tod eines Erschlagenen sterbest mitten auf dem Meer.« Und etwas später sprach der Herr mich sanft durch Jesaja 57,1–2 an: »Der Gerechte ist umgekommen, und niemand ist da, der es zu Herzen nimmt, und fromme Leute sind hingerafft, und niemand achtet darauf. Ja, der Gerechte ist weggerafft . . . und geht zum Frieden ein.«

Nach dieser liebevollen Vorbereitung, die Gott mir gönnte, überrascht es vielleicht nicht, daß die Nachricht von Johns Tod, als sie dann kam, für mich nicht solch ein Schock war wie für die anderen. Gott hielt mich fest, als der Tag da war: Freitag morgen, der 8. September 1967. Ich saß an dem kleinen Pult in dem Schulzimmer, in dem wir uns morgens zur Andacht versammelten, und schaute in den goldenen Sonnenaufgang draußen hinaus, der wie das neue Jerusalem leuchtete und uns die Hoffnung eines neuen Tages heute und der Herrlichkeit der Ewigkeit morgen brachte. Aber nicht nur der Sonnenaufgang brachte mir Hoffnung, sondern auch Gottes Wort, denn ich glaubte fest, daß der, der mir, den Kindern und unseren lieben Insulanern so viele wunderbare Verheißungen gegeben hatte, diese auch halten würde.

Am Mittwoch morgen, als John mit dem Schiff hinausgefahren war, hatte ich keine besondere Vorahnung gehabt. Wie immer hatte ich wohl gedacht: »Eine dieser Reisen wird die letzte sein.« Aber bitter machte mich dieser Gedanke nie. Ich hatte ja John vor vielen Jahren in Gottes Hand und Willen gegeben, und jedesmal, wenn die Zukunftssorgen wiederkommen wollten, legte ich ihn und mich wieder in des Herrn Hand, wenn auch meist unter Tränen.

Ich war mit tausend Dingen beschäftigt an diesem Morgen. Am nächsten Tag würde das neue Schuljahr beginnen, und die Schulleiterin, die nun fünfzehn Monate lang in Heimaturlaub gewesen war, wurde stündlich zurückerwartet. John hatte Tag und Nacht gearbeitet, um den Anbau an den Speisesaal fertigzustellen und die Klassenzimmer und den Schlaftrakt so weit zu bringen, daß all die neuen Schüler Platz hatten. Die Aufgaben der Schulleiterin blieben bis auf weiteres an mir hängen.

»Schatz, ich muß eben mal nach Koror.« Ich blickte auf. John stand vor dem Klassenzimmer, in dem die Mädchen und ich Tische aufstellten.

Ich warf einen Blick zur Küste und sagte: »Ist das nicht ein bißchen spät? Ich glaube, die Ebbe hat schon angefangen.«

»Ja, stimmt, aber wenn ich jetzt sofort fahre, schaffe ich es noch. Ich muß unbedingt noch ein paar Dinge erledigen, bevor die Schule anfängt.«

»Aber bis morgen, wenn dein Unterricht beginnt, bist du wieder da?« fragte ich besorgt.

»Klar. Ich komme heute abend zurück. Deswegen fahre ich ja heute, damit ich morgen keinen Unterricht ausfallen lassen muß. – Aber jetzt muß ich mich beeilen!« Er schaute auf das zurückweichende Wasser.

Ich ging nach draußen und sagte: »Ich komme eben mit zum Strand. Willst du nicht wenigstens ein Butterbrot mitnehmen? Ich mach' dir eben schnell eins.«

»Laß nur, Schatz, ich hab' jetzt keinen Hunger. Aber hör zu: Du kannst was anderes für mich tun. Die Männer warten darauf, die elektrische Säge benutzen zu können. Du weißt ja, daß sie mit dem großen Generator nicht zurechtkommen. Starte du ihn für sie. Vergiß aber nicht, zuerst Dieselöl einzufüllen. Ich hab' diesen Morgen den Filter herausgenommen und gereinigt, den mußt du zuerst wieder einsetzen.«

»Mensch, hoffentlich schaffe ich das«, sagte ich. »Du weißt ja, ich hab' nicht viel Ahnung von dem Ding, und wenn was schiefgeht . . .«

»Mach dir mal keine Sorgen. Tu einfach das, was ich dir letzte Woche gezeigt hab'. Aber mach es jetzt sofort, sie stehen schon alle da und warten. Und jetzt muß ich gehen.« Die letzten Worte rief er mir schon über die Schulter zurück, während er zum Strand rannte. »Bis heute abend dann, Schatz!« Ich brauchte mehrere Minuten, um den Filter einzusetzen, den Tank zu füllen und den Generator zu starten. Als ich wieder aus dem Schatten des Generatorgebäudes heraustrat, zog schon ein kleiner orangener Fleck über das azurblaue Wasser – unser neues schnelles Motorboot *Faith* (»Glaube«), das John gerade nach Süden drehte, Richtung Koror. Ich wußte nicht, daß es seine letzte Reise war – durch die nasse, kalte Dunkelheit hinein in das ewige warme Licht seines Heilands.

Ich dachte mir nichts dabei, als John an diesem Abend nicht zurückkam. Er blieb oft länger in Koror, als er vorgehabt hatte – weil die Bank gerade geschlossen war oder aus sonst einem Grund. Die Dunkelheit kam früh und mit heftigem Regen und Wind. Die See war rauher als gewöhnlich. Sicher hatte John beschlossen, die Nacht in Koror zu verbringen, und würde mit der Morgenflut wieder zurück sein.

Da ich wußte, daß die Flut erst nach 9 Uhr morgens hoch genug sein würde für unser Motorboot, ging ich am nächsten Morgen gleich in Johns Klassen, um ihnen Aufgaben zur Beschäftigung zu geben. Ich gab unserer Tochter Angela ihre Hausarbeiten und widmete mich dann meinen eigenen Klassen, ein Ohr immer auf die See draußen gerichtet, um das Motorengeräusch von Johns Boot nicht zu verpassen. Es wurde Mittag – zu spät, als daß John noch landen konnte. Wir hatten unsere Lehrergebetsgemeinschaft, und ich ging in das Generatorgebäude, um den Generator wieder zu starten. Ich wollte versuchen, über unser primitives Radio die Missionare in Koror anzurufen.

Der Generator startete willig, wie am Tag zuvor. Aber dann streikte der Zündungsmechanismus. Ich versuchte es immer wieder – ohne Erfolg. Inzwischen war die Mittagspause vorbei, und ich gab es auf. Am Abend kamen die Mädchen und sagten mir, daß gerade ein palauisches Motorboot aus Koror angekommen sei. Ich watete zu dem Boot. Der Bootsführer berichtete mir, daß John ihn in Koror angeheuert hatte, um eine Ladung Bauholz für das neue Gebäude zu bringen. »Wo ist der Pastor?« fragte er mich.

»Ich weiß nicht«, antwortete ich. »Er ist noch nicht zurück. Hast du ihn nicht gesehen?«

»Das letzte Mal habe ich ihn gestern abend gesehen, an der Anlegestelle in Koror, da wollte er in ein, zwei Stunden wieder nach Hause fahren. Es ist ihm doch hoffentlich nichts passiert?« Eine tiefe Sorgenfalte lief über sein Gesicht.

Ich drehte mich um und rannte wieder zu dem Generatorgebäude. Ich mußte das Ding in Gang kriegen! *Herr, hilf mir!*

Diesmal zündete der Generator. Ich lief zu dem Zimmer meiner Missionarskollegin, wo das Funkgerät war. Sie war nicht da. Ich ging einfach hinein und schaltete das Gerät ein. Als es warm wurde, merkte ich, daß mein Versuch wahrscheinlich keinen Zweck hatte, das Rauschen und Knistern war zu laut, als daß die Missionare auf Koror mich hören konnten. Ich versuchte es trotzdem.

Als ich neben dem Radio stand, Koror rief und auf eine Antwort wartete, wieder rief und wieder wartete, fiel mein Blick auf etwas, das ich noch nicht bemerkt hatte. Neben dem Funkgerät war ein Holzschild mit einem Bibelspruch, und plötzlich schien es, als würden die Worte auf ihm lebendig. Es waren die gleichen Worte, die mich mit zwölf Jahren in die Familie der Gotteskinder geführt hatten: »Ich will dich nicht verlassen und nicht von dir weichen« (Hebr. 13,5). Ich kam nicht durch nach Koror an diesem Abend, aber ich hatte meine Antwort.

Am Freitag morgen weckte mich zeitig eine Ratte, die über meine Beine lief. Da ich nicht zu spät zur Morgenandacht kommen wollte, schloß ich das Tier in meinem Zimmer ein, mit dem Versprechen, es später zu töten. Nach der Andacht ging ich wieder zu Generator und Funkgerät, und diesmal gelang es mir endlich, Sylvia Lange auf Koror zu erreichen. Sie beantwortete meine Frage mit der erschrockenen Gegenfrage: »Ja, ist er denn nicht zu Hause? Du meinst, von seiner Fahrt *vor zwei Tagen?* Er ist am Mittwoch abend um sechs hier losgefahren!«

Sobald die Flut hoch genug war, bestiegen Missionar Herbert Lange und der palauische Pastor Hubert Charles auf Koror ein Boot und begannen, die Inseldörfer abzufahren und nach John zu fragen. Andere kleine Boote aus unserem Dorf und aus Koror beteiligten sich an der Suche. Als Herbert und Hubert in Bethania ankamen, um Angela und mich nach Koror zu fahren, eröffnete ich ihnen, warum ich dachte, daß John nicht mehr war. Herbert konnte es sich nicht vorstellen, daß John tot sein sollte.

Ich rief Angela ins Haus und erklärte ihr, daß man noch keine Spur von Papa gefunden hatte und daß wir nach Koror mußten. Sie begann haltlos zu schluchzen. Ich sagte: »Stell dir doch vor, wo Papa jetzt ist, wenn sie ihn wirklich nicht mehr finden: in der Herrlichkeit im Himmel, bei Jesus.« Sie beruhigte sich sofort. Es war deutlich, daß sie sich und ihren Vater in die Hände des Heilands befahl, den sie mit ganzen sechs Jahren in einem von Johns evangelistischen Gottesdiensten in Indiana (USA) kennengelernt hatte. Ihre stille Gelassenheit in den Tagen und Wochen, die nun folgten, war Balsam für meine Seele.

Während der zweistündigen Überfahrt nach Koror suchten die Männer die See ständig nach einem Boot oder Wrack ab – oder einem Leichnam. Einmal, als wir an einigen unbewohnten Felseninseln vorbeifuhren, sah Herbert ein kleines Motorboot, das auf uns zukam. »Das sieht aus wie die *Faith!«* rief er aufgeregt. »Vielleicht ist er auf einer von diesen Inseln gewesen. Da, ist er das nicht? Sieht ganz aus wie John!« Er war es natürlich nicht.

Ich saß still da, auf meinem Schoß Angelas Kopf, und sinnierte darüber, wie wir alle das Meer liebten. Wieder einmal trank ich die Majestät des blauen Himmels in mich hinein, die Schönheit der grünen Felseninseln, das glitzernde Wogen der See. Die See war rauh. Wie rauh mußte sie am Mittwoch abend gewesen sein für den einsamen Mann, der da durch die Dunkelheit fuhr . . . Es war merkwürdig, aber ich empfand weder Angst noch Zorn gegenüber unserem so schönen und mächtigen Pazifik. Ich wußte: Wenn Gott mir dieses Vorrecht gab, würde ich auch den Rest meines Lebens auf den Inseln dieses Ozeans verbringen.

Und wie immer gingen meine Gedanken zum Wort Gottes. Mehr denn je war es jetzt das Rettungsseil, an dem ich mich zu halten hatte – Gottes Rettungsseil, das ich im Glauben umklammerte. Einer nach dem anderen gingen mir die Verse durch den Kopf, die ich in den letzten beiden Tagen gelesen hatte: »Zuflucht ist bei dem alten Gott und unter den ewigen Armen« (5. Mose 33,27). – »Er wird den Tod verschlingen auf ewig. Und Gott der Herr wird die Tränen von allen Angesichtern abwischen« (Jes. 25,8) – »Vor schlimmer Kunde fürchtet er sich nicht; sein Herz hofft unverzagt auf den Herrn« (Ps. 112,7). – »Sie erheben ihre Stimme und rühmen und jauchzen vom Meer her über die Herrlichkeit des Herrn: So preiset nun den Herrn an den Gestaden, auf den Inseln des Meeres den Namen des Herrn, des Gottes Israels. Wir hören Lobgesänge vom Ende der Erde: ›Herrlichkeit dem Gerechten!‹« (Jes. 24,14–16).

Ich hatte Mühe, nicht laut loszulachen und zu singen, als ich über diese herrlichen Verheißungen nachdachte.

Ein tiefer Friede hüllte mich ein. Wie hatte Jesus in Johannes 14 gesagt: »Den Frieden lasse ich euch, meinen Frieden gebe ich euch. Nicht gebe ich euch, wie die Welt gibt. Euer Herz erschrecke nicht und fürchte sich nicht.« Diesen Frieden erfuhr ich jetzt – einfach dadurch, daß ich mich dem Willen des Vaters hingab.

Was mögen die jungen Männer in dem Boot gedacht haben, als sie das Lächeln auf meinem Gesicht sahen? Vielleicht, daß ich Hoffnung hatte, wo es keine mehr gab? Die Gemeindeältesten, die einen Tag später das gleiche Lächeln auf meinem Gesicht sahen, waren schockiert. Sie wußten doch, daß der Chef der Distriktverwaltung mir die traurige Nachricht erst vor einer Stunde mitgeteilt hatte. Die Schiff- und Flugzeugsuche nach dem vermißten Boot war endlich beendet; fünfzehn Meilen vor der Küste hatte man die *Faith* kieloben treibend gefunden; der Motor war eingeschaltet, lief aber nicht mehr. Von der Ladung des Bootes – und von John – gab es keine Spur. Palauische Taucher waren noch dabei, das Gebiet, wo John wahrscheinlich über Bord gespült worden oder das Boot gekentert war, abzusuchen. Sie sollten nichts finden.

Und als ich also dann zu dem Radioschuppen ging, um Telegramme an meine Verwandten und die Mission zu schicken, sah ich die drei palauischen Ältesten und lächelte. Am Nachmittag kamen sie zu dem Haus der Langes, wo wir übernachteten, um ihr Beileid auszusprechen und den Grund meines Lächelns zu erfahren. Und ich erklärte ihnen die Bibelverse, die Gott mir in den letzten sechs Jahren gegeben, und warum Johns Tod mich nicht überrascht hatte. Ich sagte ihnen, daß der Vers 11 aus Psalm 27 mein ernstes Gebet war, der nach einer Übersetzung so lautet: »Herr, lehre mich deinen

Weg, und leite mich auf ebenem Pfad, um derer willen, die mich beobachten.«

Ein Leuchten des Verstehens ging über die Gesichter der drei Ältesten. »Wir haben dich heute beobachtet, und dein Lächeln hat uns schockiert«, erklärten sie mir. »Wir haben das nicht verstanden. Aber jetzt sehen wir, daß all das, was du und Pastor Simpson uns gelehrt haben, wahr ist. Jetzt wissen wir, daß Gottes Verheißungen echt sind, denn wir sehen dies in deinem Leben, selbst jetzt, in diesem Tal des Todes. Nie haben wir jemanden erlebt, der so dem Tod gegenübertritt. Du zeigst unserem Volk, daß das Christentum nicht aus leeren Worten besteht. Du wirst ein Segen sein für ganz Palau.«

In den Tagen, die folgten, erfüllte Gott diese Prophezeiung der drei Ältesten.

»Diese alle sind gestorben im Glauben und haben das Verheißene nicht erlangt, sondern es nur von ferne gesehen und gegrüßt und haben bekannt, daß sie Gäste und Fremdlinge auf Erden sind. Wenn sie aber solches sagen, geben sie zu verstehen, daß sie ein Vaterland suchen. Und wenn sie das Land gemeint hätten, von dem sie ausgezogen waren, hätten sie ja Zeit gehabt, wieder umzukehren. Nun aber sehnen sie sich nach einem besseren Vaterland, nämlich dem himmlischen. Darum schämt sich Gott ihrer nicht, ihr Gott zu heißen; denn er hat ihnen eine Stadt gebaut« (Hebr. 11,13–16).

Johns Tod legte viele neue Aufgaben auf meine Schultern. Der Generator war nur eine von vielen Maschinen, von denen unsere palauischen Arbeiter wenig oder keine Ahnung hatten. Das neue Gebäude war noch nicht fertig. Das Amt der Kassiererin versprach, eine besonders harte Nuß zu werden, denn die Kasse war leer, und jetzt durfte ich die Fracht von Johns Boot – fünf Schreibmaschinen,

600 Dollar in bar, einen Billy-Graham-Film plus eine unbekannte Menge sonstiger Vorräte – von Nichts abziehen. Dies und die vielen anderen Probleme, vor denen ich stand, legte ich einfach vor Jesus Christus ab. Jeden Tag neu erinnerte ich ihn an mein Unvermögen und daran, daß nur er mir helfen konnte. Wirkliche Sorgen hatte ich eigentlich nur zwei.

Die erste war: Erweckung in Mikronesien. Seit wir vor fünfzehn Jahren zum ersten Mal von diesen 2100 Inseln im Pazifik gehört hatten, hatten wir treu für die Arbeit des Herrn dort gebetet. In den letzten fünf Jahren hatten wir in der Bethania-Schule dienen können, wo wir Mädchen aus allen Distrikten des Treuhandgebiets Mikronesien unterrichteten. Je mehr wir über diese Inselwelt lernten, je besser wir mit der Sprache vertraut wurden und mit den Problemen, diese so weit verstreuten winzigen Inseln zu erreichen, um so dringender war unsere Bitte um Erweckung geworden. Inzwischen hatte ich über achtzig Verse in meiner Bibel unterstrichen, die ich als ganz spezielle Verheißungen Gottes für die Zukunft unserer Arbeit betrachtete, und bis jetzt schien mir die Erfüllung vieler dieser Verheißungen mehr oder weniger von John abzuhängen.

Der Herr stillte diese meine erste Sorge, indem er meine zweite, dringendere Frage beantwortete. Ich dachte an Johns evangelistische Predigten zurück und an die Hunderte von Menschen, die sich durch sie bekehrt hatten, und mein Herz wollte mir sinken. Noch an dem Abend vor seinem Tod hatte John vier unserer neuen Schüler zu Gott führen können. Wie sollte es weitergehen? »Herr, wer soll jetzt Johns Platz ausfüllen? Wir haben so viele neue Schüler in der Bethania-Mädchenschule und in der Emmaus-Jungenschule. Von den vielen Dorfleuten, die noch keine Christen sind, ganz zu schweigen. Wer soll ihnen die Botschaft predigen, die sie zum rettenden Kreuz führt?«

Am Sonntag abend hatten wir in Koror eine Trauerfeier. Christen verschiedener Konfessionen und viele Nichtchristen füllten die Kirche. Mit großer Bewegung hörten sie Johns Zeugnis vom Tonband.

An diesem Abend trug Gott mir wiederholt auf, ich solle am nächsten Morgen zu den jungen Männern der Emmaus-Schule sprechen. Mir schien das kaum schicklich zu sein, aber schließlich gab ich nach und bat den Rektor um Erlaubnis, zu den Jungen zu reden. Aber ich konnte mich nicht vorbereiten. Jedesmal, wenn ich mir ein paar Gedanken aufschreiben wollte, sagte Gott mir: »Überlaß das mir, ich gebe dir die Botschaft, wenn es soweit ist.«

Was ich sagte, als es dann soweit war, weiß ich nicht mehr. Ich weiß nur, daß Gott sprach und daß sein Geist die Herzen bewegte. Vierzig der fünfundsechzig jungen Männer, die zugegen waren, nahmen Christus an. Und das war erst der Anfang. In den folgenden Wochen und Monaten sollten noch viele, viele Menschen das Evangelium annehmen und ihr Leben Gott übergeben – nicht nur durch meine Predigten, sondern durch das Zeugnis und die Einladung von Missionaren und Einheimischen, Männern und Frauen.

Und dann kam es mir: Auch Abraham war ja im Glauben gestorben, ohne das Verheißene erlangt zu haben (Hebr. 11,13). Aber waren damit Gottes Verheißungen ungültig geworden? Das Gewaltigste, was ich in diesen Wochen und Monaten erkannte, war, daß der allmächtige Gott *jeden* benutzen kann – *sogar mich!* Das einzige, was seine Macht hindern kann, ist, daß wir nicht der willige Ton in der Hand des Töpfers sind.

Und ich sah, daß Gottes Arbeit weitergehen und er

Menschen in Palau und ganz Mikronesien retten würde, bis sie so zahlreich wären wie die Sterne am Himmel und der Sand am Meer (Hebr. 11,12) – gerade so, wie er es an jenem denkwürdigen Abend des 12. November 1961 verheißen hatte.

(Dieses Kapitel ist auszugsweise und mit einigen kleinen Änderungen dem Buch »Walking the Waves« von Juanita Simpson entnommen.)

Juanita Simpson. In Connecticut (USA) aufgewachsen. 1961 mit ihrem Mann als Missionare nach Palau (Mikronesien) berufen, wo sie mit der Liebenzeller Mission arbeiteten. Nach dem Tod ihres Mannes (1967) weitere Tätigkeit in Mikronesien, zwischenzeitlich (1986–1993) in den USA. Beide Kinder dienen Gott in Mikronesien.

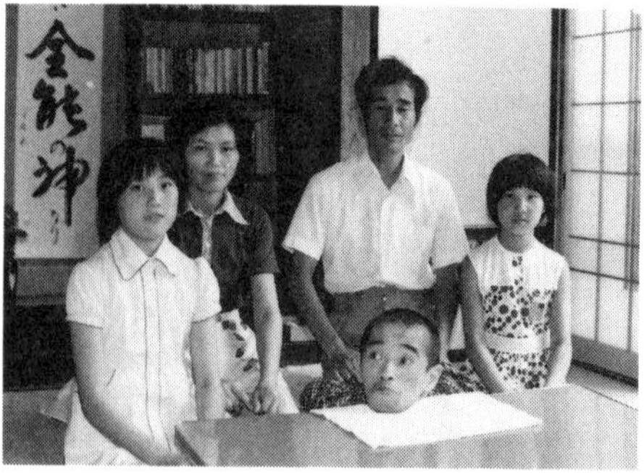

Tetsuo Mizuno und Familie mit Genzo

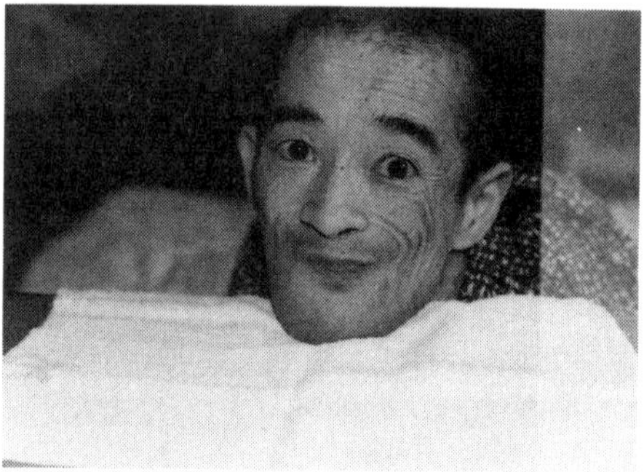

Akiko und Genzo beim Gedichte schreiben

Der augenzwinkernde Dichter
Die Welt des Mizuno Genzo

von Masataka Tanabe

Gedicht (1974)

Wenn ich nicht gelitten hätte,
hätte ich nicht Gottes Liebe erkannt.
Wenn die Geschwister nicht gelitten hätten,
hätten sie die Gottesliebe nicht weitergegeben.
Wenn Jesus nicht gelitten hätte,
wäre die Liebe Gottes nicht offenbar geworden.

Im August 1946, ein Jahr nach dem Zweiten Weltkrieg, brach in Sakaki-Machi (Regierungsbezirk Nagano) eine Ruhr-Epidemie aus. Es mangelte an Hygiene, an ärztlicher Betreuung und an richtiger Ernährung, und die Krankheit breitete sich sehr schnell aus. Schon nach einem Monat waren 286 Menschen angesteckt. Einer von ihnen war Mizuno Genzo. Das hohe Fieber und der ständige Durchfall mündeten in eine Hirnhautentzündung, und nach zehn Tagen war Genzo gelähmt und konnte nicht mehr sprechen.

Genzo war damals zehn Jahre alt und bis zu seiner Erkrankung ein quirliger Junge gewesen, der im Frühling in den Bergen herumtollte, im Sommer im nahe gelegenen Fluß schwamm und im Winter auf dem selbstgebastelten Schlitten talabwärts fuhr. Diese unbeschwerte Kindheit war mit einem Schlage vorbei.

Gedicht: »Narben« (1980)

Dreiunddreißig Jahre liege ich nun,
drei Narben sind geblieben.
Jede Narbe weckt mir schöne Erinnerungen
an die Zeit, als ich herumtollte in Berg und Feld,
an die zehn kostbaren Jahre, die Gott mir schenkte.

Es war ein schwerer Schlag auch für seine Familie. Wer ein behindertes Kind hatte, sah sich neugierigen Blicken ausgesetzt. Solche Kinder wurden damals geradezu versteckt, sie galten als »nicht fein«. Bis heute hält diese Situation an. Besondere Behindertenheime, wie es sie in Deutschland gibt, kennt man in Japan nicht. Die Kranken werden versteckt. Aber Genzos Vater, Hiroshi, und seine Mutter, Umeji, waren anders. Sie liebten Genzo und taten alles in ihrer Macht Stehende, um ihn zu schützen. Hiroshi arbeitete bei der örtlichen Landwirtschaftlichen Genossenschaft; zum Mittagessen kam er immer nach Hause, um sich mehr um Genzo kümmern zu können. Umeji betrieb eine eigene Bäckerei; sie war eine überaus fleißige, fröhliche und hingebungsvolle Mutter.

Eines konnte diese Familie nicht ausstehen: Religion. Man muß das verstehen. Sie bekam zu viele Besuche von Religionsgemeinschaften, die sie nur ausnutzen wollten. Am meisten haßte Genzo selber diese falschen Heiligen.

Bei Wind und Wetter trug Umeji ihren Sohn auf dem Rücken zu dem Masseur in Ueda. Sie brachte ihn auch in ein Thermalbad und suchte verschiedene Ärzte auf – vergeblich. Inzwischen war Genzo schon zwölf Jahre alt.

Eines Tages kam ein christlicher Pastor in Umejis Bäckerei, um Brot zu kaufen. Er hieß Miyao und wohnte in der Gegend. Es heißt bekanntlich, daß ein Prophet in seiner Heimat nichts gilt, und das traf auch auf Miyao zu. Er litt unsäglich darunter. Er wohnte mit seiner Frau in einer elenden Hütte am Stadtrand. Beide waren von Beruf Lehrer, doch jede freie Minute nutzten sie, um zu missionieren. Pastor Miyao wußte, was Krankheit war: Er litt an fortgeschrittenem Muskelschwund und mußte am Stock gehen.

Bei seinem Broteinkauf spürte er, daß ein Kranker in diesem Haus wohnte. Er fragte nach, und Umeji erzählte ihm alles über Genzo. Bei seinem zweiten Besuch brachte Miyao ein schwarzgebundenes Buch mit – die erste Bibel, die Genzo in seinem Leben sah.

Nach und nach wurde Pastor Miyao ein regelmäßiger Besucher. Anfangs waren die Mizunos skeptisch; die schlechten Erfahrungen mit den verschiedenen Religionsgemeinschaften saßen tief. Doch Miyao ließ sich nicht beirren. Er hörte ihnen geduldig zu und erzählte ihnen die Frohe Botschaft von Jesus Christus.

Bald merkte Genzo: Hier war etwas anderes als das, was er bisher gehört hatte. Bald las er selber in der Bibel, was ihm trotz seiner nur vier Jahre Grundschulbildung gut gelang. Man legte ihm dazu die Bibel auf den *Kotatsu* (eine Art Fußwärmer mit Tisch und Steppdecke), Umeji blätterte die Seiten um, und Genzo las und las. Er hatte Durst – Durst nach dem Wasser des Lebens. Und als er in Gottes Wort las, begann dieses Lebenswasser in sein Herz zu fließen. Immer ernster suchte er nach der Wahrheit. Seine düstere Seelenhaltung wurde nach und nach heller und heiterer. Ein Jahr nach Miyaos ersten Besuchen, im Dezember 1950, war es soweit: Genzo ließ sich taufen.

Genzo war ein Gotteskind geworden. Nicht dadurch, daß er gute Werke und Leistungen vollbracht hätte, sondern dadurch, daß er Gottes freie Gnade annahm. So wie er, kann jeder Mensch, der die Botschaft von der Versöhnung mit Gott durch den Kreuzestod Jesu annimmt, gerettet und neugeboren werden. Und wie neugeboren wirkte Genzo auf seine Umwelt. Bis in seinen Gesichtsausdruck hinein war er ein neuer, viel freierer Mensch geworden. »Genzo hat sich völlig verändert«, sagten seine Geschwister einmütig.

Seine Krankheit hatte Genzo bis zu seiner Begegnung mit Gott nur als ein großes Unglück gesehen. Jetzt begriff er, daß durch diese Krankheit Gottes Herrlichkeit offenbar werden konnte. Später hat er die Krankheit sogar als eine Vorsehung Gottes beschrieben. An einen Pastor schrieb er einmal: »Früher vegetierte ich wie eine Pflanze dahin. Seit ich um Gottes Liebe und Erlösung weiß, kann ich mit Freude und Hoffnung leben.«

Gedicht (1977)

Als die Liebe Jesu Christi mich anrührte,
hat sich mein Herz verwandelt.
Haß und Feindschaft sind zerronnen wie Nebelschwaden.
Als die Liebe Jesu Christi mich anrührte,
hat sich mein Herz verwandelt.
Trauer und Angst sind verzogen wie die Wolken.
Die Liebe Jesu Christi hat mich angerührt,
das Morgenlicht der Freude und Hoffnung scheint in mein Herz hinein.

Schon vor Genzos Erkrankung war seine Familie ein Ort inniger Wärme gewesen. Genzos Behinderung schweißte sie noch fester zusammen. Man war fröhlich und lachte viel. Der Vater, Hiroshi, war ein Mann, der mit beiden Beinen auf der Erde stand, aber auch Humor hatte und Kinder liebte. Lesen war sein Hobby, und oft hat er den Kindern vorgelesen. Für Genzo war es etwas vom Schönsten, wenn der Vater vorlas und alle, auch die Mutter, zuhörten.

Genzos Mutter, eine sehr offene, unkomplizierte Frau, hatte immer ein offenes Haus. Ihre nette Art zog die Leute regelrecht an. Obwohl sie die Bäckerei bald nach Genzos Taufe aufgab, blieb das Haus ein Treffpunkt für die Nachbarn. Auch Genzos Geschwister – zwei Brüder und zwei Schwestern – waren stets freundlich zu ihm. In dieser Harmonie konnte Genzo heranwachsen, ohne die rauhe Außenwelt kennenzulernen.

Genzos Tagesablauf begann mit dem Aufstehen der Eltern um sechs Uhr morgens. Als erstes hörten sie im Radio die beiden christlichen Sender *The Lutheran Hour* (»Lutherische Stunde«) und *Yo no hikari* (»Das Licht der Welt«). Dann half ihm jemand beim Waschen und beim Gang zur Toilette. Nach dem Frühstück, zu dem er ebenfalls fremde Hilfe brauchte, las Genzo die Tageszeitung, die man ihm, da er sie nicht selber umblättern konnte, Seite um Seite faltete und zum Lesen an die Tischuhr lehnte. Wenn er ein Buch las, mußte seine Mutter ihm die Seiten umblättern.

Sie mußte überhaupt den ganzen Tag um Genzo sein, aber sie empfand das nicht als lästige Bürde. Gerne badete sie ihn, unterstützt von seiner Schwester Hisako. »Das ist doch der einzige Luxus, den Genzo hat«, meinte sie. Sie war sehr behutsam, denn sie wußte, daß Genzo sehr schmerzempfindlich war.

Genzo lebte seit seiner Taufe ganz bewußt als Christ. Für ihn ging es beim Glauben um den Sinn von Leben und Tod. Ohne den Glauben hätte er nicht weiterleben können. Und ohne den Glauben wäre er sich womöglich – als Mensch, der ja nie den Versuchungen der Außenwelt ausgesetzt war – rein und nicht erlösungsbedürftig vorgekommen.

Letztlich wurde Genzos körperliche Behinderung für ihn der Weg zum Glauben an Jesus Christus.

Sehnlichst wünschte Genzo, daß auch seine Lieben den Weg zu Jesus Christus fanden. Seine konsequente Nachfolge trug schließlich ihre Früchte: Auch seine Eltern wurden gläubig, wenn es auch mehrere Jahre dauerte, bis sie sich taufen ließen.

Genzos Vater war ein gründlicher, tief nachdenkender Mensch, der philosophische Bücher las und einen tiefgründigen Zugang zum Glauben bekam. Nichtsdestoweniger legte Genzo einen strengen Maßstab an den Glauben seines Vaters an. Seine Mutter tadelte er oft. Wenn sie mit Nachbarinnen plauderte oder in der Kirche über Dinge sprach, die nichts mit dem Glauben zu tun hatten, ärgerte er sich: »Das hat doch nichts mit dem Glauben zu tun; du hast keine wahrhaft reine Einstellung.«

Damit seine Eltern im Glauben weiterkamen, suchte Genzo entsprechende Bücher aus und gab sie ihnen zu lesen. 1967 ließ sich schließlich sein Vater taufen. Auch seine Mutter bekannte sich, nachdem sie sechs Jahre lang den richtigen Weg gesucht hatte, zu Christus.

Das 12 Quadratmeter große Wohnzimmer der Familie war auch Genzos Zimmer. Wenn jemand das Haus verließ, verabschiedete er sich zuvor von Genzo; kam er zurück, erzählte er ihm von draußen. Und oft half Genzo, der sich durch sein Bibelstudium Fremdsprachenkenntnisse angeeignet hatte, seiner Schwester bei den Hausaufgaben. Das ganze Jahr verbrachte er im Haus, das ständig mit Blumen geschmückt war, die ihm seine

Geschwister, die Nachbarn oder Gemeindeglieder mitbrachten.

Daß man Genzo später »den augenzwinkernden Dichter« nannte, lag daran, daß der durch seine Krankheit stumm Gewordene es lernte, sich systematisch durch Augenzwinkern mitzuteilen. Die Sache begann damit, daß ihm bei einer Untersuchung im Krankenhaus der Arzt befahl, die Augen zu schließen, wenn er »Ja« meinte. Das brachte seine Mutter auf eine Idee: Sollte es nicht möglich sein, mit dem Zwinkern mehr als nur »Ja« und »Nein« auszudrücken? Sie begann, die Fünfzig-Laute-Tafel des japanischen Wörterbuchs Silbe für Silbe mit Genzo durchzunehmen. Bei dem Wort *tori* (»Vogel«) zum Beispiel ließ sie ihren Finger die a-Zeile entlanggleiten, bis Genzo bei *ta* mit den Augen zwinkerte, worauf sie mit ihrem Finger die *ta*-Spalte entlangfuhr, bis er bei *to* wieder sein Zeichen gab. Nach einer entsprechenden Prozedur für die Silbe *ri* war dann schließlich das Wort *tori* fertig.

In den Routinesituationen des Alltags konnte man sich mit Genzo auch so verständigen, aber in komplizierteren Fällen sowie beim Briefeschreiben war der Rückgriff auf die Fünfzig-Laute-Tafel und das Augenzwinkern unerläßlich.

Genzos Welt kreiste um die Bibel. Er las die Bibel, besorgte sich Bücher über den Glauben, hörte das Kirchenprogramm im Radio, studierte seine Texte und schickte die erledigten Aufgaben an den Sender. Er lernte gerne, und es gab ihm ein Gefühl der Erfüllung, seinen Glauben zu vertiefen. Aber er sehnte sich nach noch mehr: sein Herz auch anderen Menschen zeigen, sich ihnen mitteilen, seiner Umwelt etwas hinterlassen zu können.

Als Genzo mit 18 Jahren sein erstes Gedicht schrieb,

war der Weg zum christlichen Dichter noch lang. Er war 25, als die Zeitung *Yomiuri* 1962 erstmals Gedichte von ihm veröffentlichte. Es waren *Haikus,* jene typischen japanischen Dreizeiler, bei denen die erste und dritte Zeile je fünf Silben umfassen und die mittlere sieben. Die Gedichte waren seinem Vater aufgefallen, der sie daraufhin an die Zeitung schickte. Die Zeitung bat ihn, doch noch mehr solche Gedichte zu veröffentlichen, und auch seine Verwandten und Freunde ermutigten ihn. Nach anfänglichem Zögern schrieb er weiter.

Genzo trat in den Dichterzirkel einer Zeitschrift ein und lernte die grundlegenden Techniken des Schreibens. Seine jüngere Schwester Hisako, die inzwischen Hilfslehrerin an ihrer ehemaligen Schule war, konnte ihm ein Pflanzenlexikon ausleihen, das ihm half, die Namen von Gräsern und Blumen zu lernen. Er las auch mehrmals Gedichtbände der berühmten japanischen Dichter Sato Hachiro und Yagi Jukichi. Bald faßte er Mut und schickte selber seine neuen Gedichte an die Zeitung. Doch diesmal wurden sie nicht veröffentlicht; es war das erste Mal, daß Genzo den kalten Wind der Welt zu spüren bekam. Im Jahre 1969 wurden seine Dichtermühen endlich vom Erfolg gekrönt: Ein christlicher Verlag veröffentlichte seine Werke.

Seine Geschwister gingen inzwischen ihre eigenen Wege. Der ältere Bruder war aus dem Haus, der jüngere – Tetsuo – erbte das elterliche Anwesen und heiratete eine Arbeitskollegin. Auch Genzos jüngere Schwester Hisako heiratete schließlich, kam aber einmal in der Woche nach Hause, um bei seiner Pflege zu helfen.

In diese Zeit fiel auch die schwere Erkrankung von Genzos Vater. Bei einer Routineuntersuchung stellten die Ärzte Magenkrebs fest, der sofort operiert werden mußte. 1968 starb der Vater. Er hatte gerade den Führerschein gemacht, um Genzos großen Wunsch erfüllen und ihm mit dem Auto die Welt zeigen zu können; dazu kam es leider nicht mehr.

Die Mutter, die sich ganz auf ihren sieben Jahre älteren Mann verlassen hatte, wurde durch seinen plötzlichen Tod sehr mitgenommen. Genzos verheiratete Schwestern machten sich große Sorgen und kamen oft über das Wochenende nach Hause. Für Genzo waren es Freudentage, wenn er seine Neffen und Nichten um sich hatte und mit ihnen spielen konnte.

Genzos Glaube wurde fast von Tag zu Tag tiefer und fester. Besondere Kraft gab ihm seine Dichtkunst, die ihm beides war – der so dringend nötige Selbstausdruck und Lobpreis Gottes. Die Gedichte waren so aufgebaut, daß sie auch gesungen werden konnten.

Vier Jahre nach dem Tod des Vaters eröffneten die Ärzte Genzos Mutter, daß sie Gebärmutterkrebs hatte. Eine Bestrahlungstherapie brachte nur vorübergehende Linderung, und schließlich wurde Genzos Mutter als unheilbar aus dem Krankenhaus entlassen. Es war schlimm für Genzo, mit ansehen zu müssen, wie sie von ihren Schmerzen gequält wurde. 38 Jahre hatte er mit ihr zusammensein dürfen – und jetzt dies. Die Qual der Mutter wurde auch die Qual des Sohnes. Aber er war dankbar, daß er die Mutter noch haben durfte. In dieser Situation entstand im Februar 1975 seine Gedichtsammlung »Meine Gnade erfülle dich«.

Genzos Mutter hatte buchstäblich nicht mehr die Kraft, das Buch zu lesen. Aber sie wußte auch so alles, was er gedichtet hatte, denn sie war ihm Mund und Hand gewesen. Am 2. März 1975 erlöste Gott sie von ihren Qualen und rief sie zu sich in die Ewigkeit. Sie war 60 Jahre alt geworden.

Sie hatte immer gehofft, länger als Genzo leben zu können, und sei es auch nur eine Sekunde. Und jetzt mußte sie so früh ihren behinderten Sohn zurücklassen. Warum ließ Gott so etwas zu? Er mußte doch wohl wissen, daß Genzo ohne seine Mutter nicht leben konnte. War das wirklich ein Gott der Liebe? Genzo hätte lieber seine Mutter behalten als seine Gedichte. Damals schrieb er in einem Gedicht: »Ohne meine Mutter kann ich nicht die Bibel lesen, keine Briefe schreiben, keine Gedichte schreiben, nicht leben.«

Bei der Beerdigung weinten alle, nur Genzo nicht. Ganz still lag er im Nebenzimmer. Seine Ruhe strahlte schließlich auch auf die anderen Familienglieder aus. Sie konnten nur staunen, wie stark er war. Sie merkten: Diese Ruhe kam von Gott, der ihn tröstete.

In einem Gedicht hat Genzo damals seine Trauer so ausgedrückt:

Herr, warum? Herr, warum?
Mein Vater und nun auch meine Mutter!
Warum hast du sie in die Ewigkeit gerufen?
Tränen strömen. Herr, Herr, kann ich nur rufen,
jedes weitere Wort erstickt in mir.
Herr, weinst du auch mit mir?

Gedicht: »Danke, Mutter« (1975)

Mutter, die mir Hand und Beine war,
die Trauer und Leid mit mir teilte.
Mutter, die immer sagte, daß sie erst Genzo
in den Himmel schickt und dann selber nachkommt.
Mutter, die sich entschuldigte, daß sie am Morgen
des Frühlingsanfangs zuerst in den Himmel ging.

Der Tod der Mutter stärkte Genzos Glauben. Er wurde tiefer, aber auch einsamer. Ganz allein stand Genzo seinem Gott und Heiland gegenüber. Äußerlich zu vereinsamen brauchte er nicht; sein Bruder Tetsuo nahm ihn bei sich auf. Genzos Pflege übernahm jetzt Tetsuos Frau Akiko. Sie konnte nicht ständig um ihn sein wie seine Mutter, aber sie sorgte sehr gut für ihn; von der Stadt bekam sie sogar eine Urkunde dafür.

Mit Akikos Hilfe konnte Genzo weiter seine Gedichte schreiben. Beides, sein Glaube und das Dichten, wurden immer mehr durchläutert. Dinge, die für sein Leben überflüssig waren, entfernte Genzo mehr als je zuvor. Nie zeigte er seine innere Unsicherheit. Er konnte durchaus traurig werden, vor allem wenn er von Familien hörte, die an der Pflege eines Behinderten verzweifelten und sich das Leben nahmen (was in Japan oft vorkommt). Aber seine Besucher – er freute sich über jeden – erinnern sich am meisten an sein leuchtendes Gesicht. Wer Genzo besuchte, wurde innerlich reich beschenkt und kam gerne wieder.

Gedicht: »Danke«

Ich, der ich nicht sprechen kann,
lächle, statt danke zu sagen.
Von morgens an lächle ich,
bei Leid und Trauer lächle ich auch im Herzen.
Denn die Liebe Christi erfüllt mein Herz.

Eines Tages wurde Genzo von seiner Nichte Miyuki gefragt: »Was denkst du über deine Krankheit?« Er antwortete ohne Zögern: »Ich bin dankbar dafür, weil ich dadurch Jesus begegnet bin. Was nützt es, wenn der Körper gesund, aber die Seele tot ist? Es gibt so viele

Menschen, die kein Ziel und keinen Sinn in ihrem Leben haben.«

Genzo sah seine Krankheit als nötige Hilfe an zu seiner Errettung durch Jesus Christus. Nie hörte man ihn über sein Schicksal murren. Er war ein lebendiges Zeugnis und eine Hilfe für seine Umgebung. Menschen, die ihn schon lange kannten, sagten, daß der Glaube ihn umgewandelt und ihm einen tiefen Frieden gegeben hatte.

Gedicht: »Christi Liebe«

Die Blätter in den Bergen fallen
und der Nordwind bläst,
der Schnee rieselt.
Weil es ein so kalter Morgen ist, umhüllt mein
warmes Herz die Liebe Christi.

Am Morgen des 6. Februar 1989 – draußen schneite es gerade – bekam Genzo wegen einer Erkältung starke Asthmaanfälle. Er starb still in den Armen seines Bruders Tetsuo. Ein Leben von 47 Jahren ging zu Ende. Ein Leben, geliebt von Gott und von Menschen und erfüllt von Dank, Liebe und Gnade.

Gedicht: »An so einem schönen Morgen«

Am Himmel fangen die Lerchen mit dem
Sonnenaufgang an zu pfeifen.
Das Feld ist voller Tau, die Veilchen verströmen
ihren Duft.
An so einem schönen Morgen, an so einem
schönen Morgen
ist vielleicht Jesus aus dem Grab auferstanden.

Gedicht: »Nicht so«

Muß ich allein gehen?
Nicht so, nicht so!
Mein Herr Jesus, der meine Schwäche kennt,
geht mir mir.

Muß ich mich allein kümmern?
Nicht so, nicht so!
Mein Herr Jesus, der meine Schwäche kennt,
kümmert sich um mich.

Muß ich allein beten?
Nicht so, nicht so!
Mein Herr Jesus, der meine Bitte kennt,
betet mit mir.

Masataka Tanabe. In Niigata (Japan) geboren (1933). Während seines Jurastudiums wurde er durch die Missionare der Liebenzeller Mission Christ und getauft (1956). In zwei Bibel-Seminaren studierte er Theologie (1957–1963). 1963 heiratete er Miyako geb. Haruyama. Als Pastor war er in der Higashi-ikuta-Gemeinde in der Stadt Kawasaki (1963–1989) und der Hasuda-Gemeinde in Saitama (1989–1993) tätig. 1993 nach Deutschland berufen. Seitdem als Pastor der Japanischen Evangelischen Gemeinde Düsseldorf tätig.

Moen, Regierungsinsel mit Flughafen, Chuuk, Mikronesien

Am Landungssteg auf Tol, Mikronesien

Vernarbte Wunden

von Anneliese Kärcher

Geburtsort: Udöt, Ostkarolinen-Inseln. Diese Angabe löste meist Erstaunen aus. Wo ist das? Sicher in Afrika? Dann war es an mir, zu erklären. Toll, dachten viele. Und es war auch schön, auf einer kleinen Insel im Pazifik geboren zu sein und die Kindheit dort zu verbringen.

Zuerst war es jedoch nicht einfach. Mein Vater arbeitete seit 1936 und meine Mutter seit 1938 als Missionar auf den Karolinen-Inseln. Der Zweite Weltkrieg begann und somit auch die Schwierigkeiten. Die Nachrichten aus Deutschland kamen immer seltener. 1943 wurden meine Eltern und meine beiden Schwestern, Hannelore und Waltraud, ein und zwei Jahre alt, von den Japanern, die zu dieser Zeit die Inseln besetzt hatten, mit einem Boot auf die Insel Udöt gebracht. Unterwegs auf dem offenen Meer kam ein amerikanisches Flugzeug beängstigend nahe. Der japanische Soldat befahl meinen Eltern, mit ihren beiden Kindern unter Deck zu gehen. Meine Mutter ging mit meinen beiden Schwestern hinunter, während mein Vater auf dem Deck sitzen blieb. Er überlegte sich, wen er zuerst retten sollte, wenn das Boot bombardiert würde. Das Flugzeug drehte jedoch ab. Warum? Gott hat seine schützende Hand über alle gehalten. Wie mein Vater später von einem amerikanischen Offizier erfuhr, war sein weißes Hemd, das er damals trug, für die Besatzung des Flugzeugs ein Zeichen dafür, daß Zivilisten in dem Boot waren, und somit wurde es nicht bombardiert.

Zusammen mit dem katholischen Pater und anderen

Missionaren der Liebenzeller Mission bekamen meine Eltern auf Udöt alte Holzhütten zugewiesen: und die Internierungszeit begann. So gut es ging, wurden die Hütten hergerichtet. Rings umher fielen die Bomben der Amerikaner, die wußten, daß die Japaner auf dieser Insel einen Stützpunkt hatten. Die Hütten der Missionare blieben verschont. Mein Vater suchte täglich in dem ihm zugewiesenen Bereich im Busch nach Eßbarem. Es gab wenig. Eines Tages fand er eine Kiste mit Nudeln. Dieser Schatz half für einige Zeit weiter. Meine beiden Schwestern entgingen knapp dem Hungertod.

Während dieser Zeit erzählten meine Eltern oft von Deutschland. Eines Tages wanderten ihre beiden Töchter mit ihren Puppen los. Sie kamen nicht weit. Als sie von den besorgten Eltern gefunden wurden, meinten sie: »Wir wollten nach Deutschland gehen. Dort ist es doch viel schöner.«

Kurz vor Kriegsende wurde ich in der alten Hütte geboren. Meine Mutter mußte bald darauf mit mir in die Höhle im Berg flüchten, die als Unterstand diente, da ein neuer Angriff im Anzug war.

Alle atmeten auf, als schließlich der Krieg zu Ende war. Die Amerikaner, die nun auf der Insel landeten, staunten nicht schlecht, als sie die Missionare dort fanden. Sie halfen großzügig mit allem, was wir nötig hatten. Für Nahrung war nun gesorgt. Es gab oft Bohnen.

1947 siedelten meine Eltern auf die Insel Tol um. Vom Häuptling wurde ihnen ein Stück Land zugewiesen, auf dem sie eine Missionsstation bauen konnten. Mein Vater begann mit dem Bau eines Wohnhauses und der Kirche und konnte die Gemeindearbeit anfangen.

Wir Mädchen genossen das unbeschwerte Leben zusammen mit den anderen Inselkindern. Wir spielten im

Meer, kletterten auf Bäume, halfen beim Entlausen der schönen, langen, schwarzen Haare und die herrlichen Früchte und Fische waren für uns immer ein Leckerbissen.

Hinter unserem Haus gab es zwei mächtige Mangobäume. Einer gehörte uns, der andere dem katholischen Pater. Unsere Eltern hatten uns strengstens verboten, Mangos unter dem fremden Baum aufzulesen. Wir schauten aber doch ab und zu nach. Dort lagen herrliche Früchte, die nicht aufgelesen wurden. Es war für uns sehr schwer, dem Gebot der Eltern zu folgen. An einem dicken Ast unseres Mangobaumes befestigte unser Vater eine Schaukel, die uns, da der Mangobaum auf der Anhöhe stand, herrlich weit hinaustrug. Die Truksprache unserer Spielkameraden sprachen wir fließend, deutsch nur gebrochen. Wenn unsere Eltern in Hörweite waren, wechselten wir notgedrungen auf deutsch um, denn in diesem Punkt waren sie sehr streng. Zu Hause mußten wir uns an die Tischsitten halten, aber sonst genossen wir es, mit unseren Spielkameraden Brotfruchtbrei und was es sonst noch gab, mit den Fingern zu essen. Es schmeckte mit den Fingern einfach besser.

1947 und 1950 wurden unsere beiden Brüder Ernst und Helmut geboren. Meine beiden älteren Schwestern bekamen die Aufgabe, auf sie aufzupassen. Ich selbst war meist davon verschont.

Vor unserm Haus führte eine lange, steile Steintreppe hinab zur Anlegestelle. Eines Tages ging ich wie so oft die Steinstufen hinab und stürzte. Meine Stirn hatte eine klaffende Wunde, einen Arzt gab es nicht. So herrschte große Aufregung. Schuld war, wie unsere Eltern meinten, meine große Schwester, da sie nicht genügend auf mich aufgepaßt habe. Sie hatte es oft nicht einfach mit all den Kleinen. Die Wunde heilte ohne größere Probleme und hinterließ nur eine kleine Narbe.

Mit dem Jahr 1952 kam unser Heimaturlaub in Deutschland. Es wurde wieder viel von Deutschland erzählt, und wir Kinder erwarteten dieses Land mit großer Spannung. Der Abschied von den Spielkameraden war nicht einfach, aber wir wußten ja, daß Neues und Aufregendes uns bevorstand.

Von unserer Schiffsreise nach Amerika berichtete unser Vater folgendes:

> Mit einem schönen Dampfer sind wir über den großen Ozean gefahren. Früher sind wir öfter mit den kleinen Bombom (Motorbooten) auf dem Meer gefahren, aber auf einem solch großen Schiff seid ihr noch nie gewesen. Von unserer Trukinsel fuhren wir mit einem kleineren Frachtschiff nach Guam. Dort stiegen wir in den großen Dampfer. Als Ernst ihn sah, sagte er: »Der hat aber ein großes Faß oben drauf sitzen, da, wo der Rauch herauskommt.« Als es Nacht wurde, meinte Waltraud: »Ja, wo ankern wir denn jetzt? Bleiben wir gerade hier auf dem Meer über Nacht?« Von Tol zur Regierungsinsel, wohin ihr sonst manchmal mitfahren durftet, waren es nur drei Stunden, da kam man abends immer wieder heim. Aber jetzt galt es auf dem Meer zu übernachten, und bald hattet ihr euch daran gewöhnt.
>
> In Guam saht ihr zum ersten Mal Autos. Da sperrtet ihr Mund und Augen auf. Auch zogt ihr zum ersten Mal Schuhe und Strümpfe an. War das unbequem! Ernst drückten seine Schuhe so, daß er immer hinkte. Schließlich haben wir sie ihm wieder ausgezogen, und er konnte wieder sprin-

gen wie ein Häslein, das der Gefangenschaft entronnen ist. Auf den Südseeinseln gab es ja keinen Winter, und ihr konntet das ganze Jahr über barfuß laufen.
Auf dem Dampfer gefiel es euch gut. Eine Musikkapelle spielte bei der Abfahrt von Guam. Aber als die Kanonen ihre Salutschüsse abgaben, haben Waltraud und Hannelore Angst bekommen. Sie meinten, es wäre wieder böser Krieg mit Fliegerangriff. Helmut weinte, denn all der Jubel und Trubel war zuviel für ihn. Wir gingen auf die andere Seite des Schiffes, und als er da ein kleines Boot sah, so wie man sie auf Truk hat, beruhigte er sich und sagte voller Freude: »Bombom.«
Auf dem Schiff waren sehr viele Kinder, die alle nach Amerika fuhren. Einmal war ein Kinderfest, bei dem es sehr schöne Spielsachen gab. Wir bekamen auch gute Dinge zu essen, die ihr noch nie gegessen hattet. Ihr sangt beim Kinderfest über Lautsprecher einige Lieder in der Truksprache, da haben die Amerikaner alle gelacht. Ein Offizier, der deutsch sprach, schenkte euch viele schöne Spielsachen und Schokolade.
In Honolulu waren wir in einem großen Kaufhaus. Es gab dort so viele wunderbare Sachen, daß ihr aus dem Staunen nicht herauskamt. Auf einer Rolltreppe fuhren wir in den zweiten Stock. Als wir die Rolltreppe verließen, schaute Waltraud ängstlich zurück, denn sie meinte, die Rolltreppe würde uns nachkommen. Im Zoo sahen wir Elefanten, Affen, Giraffen und viele andere Tiere, die uns völlig unbekannt waren.
In San Franzisko verließen wir das Schiff. Nun waren wir in Amerika. Dort saht ihr eine sehr

hohe und lange Brücke, die Golden Gate Bridge. Sie ist so lang, daß sie von der Insel Tol nach Udöt gereicht hätte. Die Häuser waren viel höher als unser Kirchturm auf Tol.
Nun ging es mit dem Zug weiter, was für euch auch ganz neu war. Gleich 70 Stunden sollten wir darin fahren, Tag und Nacht quer durch Amerika. Wie schnell die Eisenbahn auf die hohen Berge hinaufkletterte! Dort oben lag etwas. Es war weiß wie Kalk, und man nannte es Schnee. Leider konntet ihr den Schnee nicht anfassen oder einen Schneeball machen, weil wir ja im Zug saßen.
Unsere Hannelore ist gleich krank geworden. Sie konnte die Kälte nicht ertragen. Auch die anderen bekamen Husten und Schnupfen, denn es wurde ganz kalt in unseren Nasen. Helmut sagte zu allem, was kalt war: »A usus« – »Es beißt mich.« Abends zog der Schaffner für jeden ein schönes Bett von der Decke herunter, in dem ihr fein geschlafen habt. Vom Zug aus habt ihr auch die ersten Schafe und Pferde gesehen. Wenn wir an einem Bahnhof ausstiegen, war es immer so kalt, daß unsere Ohren ganz rot wurden. Wir mußten viele Kleider anziehen, was wir gar nicht gewohnt waren. Hier in Amerika sprachen die Leute auch ganz anders als auf Truk, und ihr habt kein Wort verstanden. Wenn ihr fünf aber miteinander gesprochen habt, dann lachten sie.

In Schooley's Mountain (New Jersey), dem amerikanischen Sitz der Liebenzeller Mission, verbrachten wir noch einige Zeit. Der Frühling begann, und es gab ein Meer herrlich duftender Osterglocken. Mit dem Zug ging es dann weiter nach Kanada. Jedes Kind war für einen Koffer zuständig. Mein Vater hatte gleich vier große Koffer. Einmal, als wir uns besonders beeilen mußten, lag ich samt Koffer flach auf dem Bahnsteig und hatte Mühe, wieder aufzustehen und weiterzueilen.

Mit einem anderen Dampfer ging es nun endlich die letzte Strecke weiter nach Bremerhaven.

In Amerika waren wir alle mit abgetragenen Kleidern aus den Kleidersäcken eingekleidet worden. Vieles paßte nicht richtig. Hauptsache war, daß die Kleider uns wärmten. So lösten wir immer wieder Erstaunen aus, wo wir auf der Reise Leuten begegneten. »What a nice family«, sagten sie aber trotzdem.

Als wir mit dem Schiff in Bremerhaven einliefen, stand in der wartenden Menschenmenge unsere Großtante, die aus Berlin zum Empfang gekommen war. Wir lernten sie bald als liebe und fürsorgliche Tante kennen.

Unser nächster längerer Aufenthalt war im Allgäu bei den Eltern unserer Mutter. Die Eltern meines Vaters waren inzwischen verstorben, ein Bruder war im Krieg gefallen. Heute erst ist mir bewußt, wie schwer dies für meinen Vater gewesen sein muß, als er mit seiner Familie nach Deutschland kam und die Eltern und den Bruder nicht mehr begrüßen konnte. Ein Bruder meiner Mutter war auch gefallen.

Die Großeltern bewohnten ein kleines Häuschen, das mit unserer Ankunft fast aus allen Nähten platzte. Wir hielten uns aber meist auf den Wiesen und im nahe gelegenen Wäldchen auf und begleiteten unseren Großvater, der oft mit dem Rucksack Wiesenkräuter sammelte. Er war bekannt und beliebt und sprach mit den Leuten, die er unterwegs traf. Im Zusammensein mit ihm verbesserten sich ganz langsam unsere Deutschkenntnisse.

Mein Vater war oft unterwegs, da er eine Bleibe für seine Familie suchen mußte. Bald konnte er die Hälfte eines kleinen Doppelhauses in Eutingen bei Pforzheim kaufen. Mit dem Lastwagen ging es dann in Richtung der neuen Heimat.

Die Bewohner von Eutingen kamen aus dem Staunen nicht heraus, denn damals waren Fremde noch eine Seltenheit. Die Familie mit fünf Kindern, die auf Bäume kletterten, barfuß liefen und sich in einer anderen Sprache unterhielten, wurde zum Dorfgespräch. Schuhe zu tragen, blieb weiterhin unser Problem, und dies um so mehr, wenn der Schuh am falschen Fuß landete oder gar der Schuhlöffel im Schuh blieb und mitgetragen wurde. Wollten fremde Leute von uns etwas wissen, so antworteten wir nur mit »Ja« oder »Nein«. Wollten wir, daß sie uns nicht verstanden, so kam uns unsere Truksprache sehr gelegen.

Im Herbst 1952 begann für uns Mädchen die Schule, und die Freiheit endete. Jetzt waren wir gezwungen, deutsch zu reden. Ich kam in die erste Klasse und hatte es relativ leicht. Meine Schwestern hatten es recht schwer. Auf Tol hatte unsere Mutter mit Hilfe einiger deutschen Schulbücher, die man ihr geschickt hatte, notdürftig unterrichtet; dann kam die lange Heimreise, und es lag vieles im argen, vor allem die Rechtschreibung und der Aufsatz. Für die Lehrer in Eutingen begann eine interessante Zeit. Sie freuten sich aber an uns und hatten viel Verständnis. Sachaufgaben bereiteten manchem Schwierigkeiten, da sie vom Sinn her einfach nicht verstanden wurden. So wurde die Frage: »Wieviel Kilometer fährt der Zug insgesamt?« folgendermaßen beantwortet: »Der Zug fährt nach insgesamt . . . Kilometer.«

Und als der Elternabend im Gasthaus »Zum Grünen

Baum« stattfinden sollte, berichtete meine Schwester meiner Mutter: »Der Elternabend findet im Wald statt.«

Mein Bruder Ernst wurde ein Jahr später vorzeitig eingeschult. Für ihn war der Vormittag aber einfach zu lang. Einmal packte er mitten im Unterricht seinen Ranzen und meinte zu seinem Lehrer: »Ich muß heim. Ich weiß nicht mehr, wie meine Mutter aussieht.«

Meine Eltern sahen ihre Aufgabe auf den Karolineninseln noch nicht als beendet an. Da die Inseln inzwischen den Vereinigten Staaten unterstanden, mußte mein Vater zu einer weiteren Ausbildung nach Amerika. Von Herbst 1953 bis Frühjahr 1954 studierte er am Theologischen College in Hartford. Im Frühjahr fuhr meine Mutter mit meinen beiden Brüdern ebenfalls nach Amerika, um zusammen mit dem Vater wieder auf die Inseln zu reisen und gemeinsam ihre Arbeit dort fortzusetzen. Wir drei Mädchen mußten der Schule wegen in Deutschland bleiben, wohnten weiterhin in unserem Haus und wurden von einer Schwester der Liebenzeller Mission betreut.

Dies schreibt sich alles recht einfach in einigen Sätzen, aber was wir damals empfanden, läßt sich eigentlich nicht beschreiben. Der Abschied von meiner Mutter bleibt mir unvergeßlich. Es war Abend, als sie mit meinen Brüdern vom Auto der Liebenzeller Mission abgeholt wurde. Wir Mädchen standen am Gartentor und winkten ihnen unter Tränen nach. Uns war, als sei unser Herz mit einem scharfen Messer entzweigeschnitten worden. Es war dunkel – außen und innen. Die tiefe Wunde blutete.

Unsere Kindheit wurde durch diese Erfahrung des Getrenntseins schwer und traurig, und wir schweigen heute meist über diese Zeit, weil es doch nur sehr wenige verstehen würden – und weil wir Angst haben, die inzwischen vernarbten Wunden zu berühren, denn sie tun heute noch weh. Im Gespräch mit meinen Schwestern ist mir bewußt geworden, daß es für mich als Jüngste damals noch am einfachsten war. Ich hatte mich schützend hinter ihnen bergen können.

Fünf Jahre lang schrieben wir jede Woche einen Brief an unsere Eltern und Brüder, aber sie wurden uns in dieser Zeit doch fremd. 1959 kam meine Mutter mit meinen Brüdern wieder nach Deutschland zurück, da letztere unbedingt geregelte Schulverhältnisse haben mußten. Meine Mutter hatte sie in den fünf Jahren zwar wieder selbst unterrichtet, aber die Freiheit einer Südseeinsel zog mehr als das Schulbuch, und so waren die Ergebnisse nicht gerade erfreulich.

Mein Vater setzte seine Arbeit auf den Inseln fort und kehrte nicht nach Deutschland zurück.

Die Mutter kam mit unseren Brüdern mit dem Zug an. Wir Mädchen standen auf dem Bahnsteig und holten sie ab. Die Mutter war uns fremd geworden, und es dauerte lang, bis wieder ein Vertrauensverhältnis vorhanden war. Sie mußte viel Geduld und Liebe aufbringen. Nach einer so langen Zeit in einem Gebiet mit einer so völlig anderen Lebensweise war es für sie nicht einfach, sich wieder in Deutschland mit fünf Kindern zurechtzufinden, und das ohne Mann. Finanziell waren wir immer knapp dran, aber meine Mutter verstand es, aus kleinen Dingen ein Fest zu machen, und wir Kinder konnten uns über wenig freuen. Einfach war es aber nicht. Wir trugen geschenkte Kleider, die abgetragen und aus der Mode waren, und hatten von den anderen Kindern manchen Spott zu ertragen.

Es war für uns oft eine Last, ein Missionarskind zu sein. Diese Last wurde uns nicht von unserer Mutter auferlegt, sondern von unserer Umwelt. Wir wollten wie alle anderen Kinder sein und durften es nicht. Man erwartete von uns, daß wir immer ordentlich, lieb und anständig sein sollten. Der Spruch »Pfarrers Kinder und Müllers Vieh geraten selten oder nie« wird manchmal gerade vielleicht von denen zitiert, die schuld daran sind, weil sie diesen Kindern nicht die Freiheit ließen, die sie benötigt hätten, um sich entfalten zu können.

Weitere fünf Jahre vergingen, in denen Briefe an meinen Vater geschrieben wurden und wir Briefe von ihm erhielten. Er war einsam ohne seine Familie, aber seine Aufgabe erfüllte ihn. Wir alle freuten uns auf die Zeit, in der unsere Familie wieder vereinigt sein konnte. 1963 konnte mein Vater zurückkehren. Es herrschte große Aufregung, als endlich der Tag kam, an dem wir ihn vom Flugplatz abholen sollten. Für uns Mädchen war es erneut ein seltsames Gefühl. Ich war acht Jahre alt, als mein Vater ging, und nun war ich 18. In den zehn Jahren war uns unser Vater trotz Briefen und Bildern doch völlig fremd geworden. Und er kannte uns nicht mehr. Er verwechselte mich laufend mit meiner Schwester, die mir sehr ähnlich sah.

Erneut begann eine Zeit, in der mit viel Liebe und Geduld ein neues Vertrauen aufgebaut werden mußte. Am Anfang schien es fast unmöglich. Für meinen Vater waren wir immer noch die kleinen Mädchen. Trotz allem waren wir glücklich, unsere Eltern wiederzuhaben, eine Familie sein zu dürfen, wie dies bei unseren Schulkameraden auch war. Ganz langsam konnte mit der Hilfe Gottes wieder ein Familienleben entstehen, in dem einer den anderen liebte, vertraute und ihn so akzeptierte, wie er war. Die Wunden heilten, und die Fremdheit wich.

Für meinen Vater war nun allerdings die Zeit in Deutschland recht schwer. Er hatte fast ununterbrochen

30 Jahre lang selbständig auf den Karolineninseln gearbeitet, mit Menschen einer total anderen Kultur, und nun sollte er wieder in Deutschland tätig sein. Deutschland und die Deutschen waren ihm völlig fremd geworden. Unsere Familie litt darunter. Die Not half dazu, daß wir zusammenwuchsen.

Es war für unseren Vater eine große Hilfe, als er 1968 von der Liebenzeller Mission gebeten wurde, für zwei weitere Jahre auf den Karolineninseln zu arbeiten. Für uns alle bedeutete das eine erneute Trennung, die wir unserem Vater zuliebe dieses Mal gerne in Kauf nahmen. Wir Mädchen hatten unseren Beruf und waren inzwischen erwachsen, und meine Brüder hatten weiterhin die Mutter.

Vater war glücklich, wieder seine vertraute Arbeit tun zu können. Nach zwei Jahren kam er dann für ganz nach Deutschland zurück, und nun war es für ihn einfacher, sich in seiner »Heimat« zurechtzufinden.

Meine Schwestern und ich hatten keine einfache Kindheit, aber wir haben mit Gottes Hilfe gelernt, niemand einen Vorwurf zu machen, und wir haben erfahren, daß gerade die schwere Zeit uns geholfen hat, weitere Schwierigkeiten in unserem Leben eher zu akzeptieren. Gott hat unsere Familie in besonderer Weise gesegnet, bewahrt und durchgebracht.

Wir sind nicht die einzige Familie, die eine Trennung verkraften mußte, und ich leide mit jedem Kind mit, das von seinen Eltern getrennt leben muß.

Ich selbst habe inzwischen etwa 12 Jahre lang Missionarskinder in Papua-Neuguinea unterrichtet, zuerst auf einer abgelegenen Missionsstation im Sepikgebiet und dann in der Internatsschule der Lutherischen Mission in Wau. Ich habe diese Arbeit sehr gerne gemacht und konnte mit den Kindern mitfühlen, wenn sie Heimweh hatten. Es war aber schön zu erleben, wie die Freude am Internatsleben doch rasch das Heimweh beseitigte. Die Kinder konnten mehrere Male im Jahr in den Schulferien zu ihren Eltern, und die Eltern hatten die Möglichkeit, ihren Jahresurlaub in Wau in netten Gästehäusern unserer Schule zu verbringen und so auch mit ihren Kindern zusammenzusein.

»Die Zeit in Wau war die schönste Zeit meiner Kindheit«, schrieb mir später einmal eine ehemalige Schülerin. Wie schön, dachte ich.

Anneliese Kärcher. Geboren am 28.04.1945 auf Udöt, Ostkarolineninseln. Lehrerin für Grund- und Hauptschule. Nach 12jähriger Tätigkeit in Papua-Neuguinea als Lehrerin für Missionarskinder jetzt wieder im Schuldienst in Deutschland.

Schülerheim der Liebenzeller Mission in Nakanoshima, Japan

Nakanoshima bei Tokio

Tränen unter der Bettdecke

von Esther Glawion

Linda

»Nein, niemals bleib' ich hier, ich will zurück in mein Dorf!« Schluchzend, aber doch sehr bestimmt kommen die Worte aus Lindas Mund. Ich setze mich neben sie und versuche ihr Mut zu machen, daß auch diese schweren Stunden des Heimwehs vergehen werden.

So verstreichen die ersten Tage im Internat der Katharine-Lehman-School (kurz: KLS), dann kommt der Freitagnachmittag. Die Schule ist aus. Das Wochenende können sich Linda und ihre Schwester Cathy viel besser daheim vorstellen! Gleich nach dem Essen schleichen sich die beiden zum Tor, denn dort kommt alle paar Stunden ein Bus vorbei, der in ihre heimatliche Richtung fährt. Sie nutzen diese Gelegenheit – und weg sind sie!

Telefonisch konnten wir die Eltern nicht erreichen, auch die Polizei in Wau konnte uns kaum gezielt weiterhelfen. Also hieß es zunächst: Abwarten und beten! Und warum das alles? Das Heimweh der beiden Mädchen war so stark gewesen, daß sie die neue Situation hier in der KLS einfach nicht mehr bewältigen konnten.

Am Sonntag nachmittag fuhr ein großer Lastwagen auf das KLS-Gelände. Die ganze Familie und ein Teil der Verwandtschaft brachte die beiden Ausreißer wieder zu uns zurück! Erklärende Gespräche halfen ein Stück weiter. Cathy wollte uns keine Schwierigkeiten mehr machen, aber Linda wollte nicht bleiben, sie tobte geradezu! Ich mußte immer wieder denken: Was geht in diesem 12jährigen Mädchen vor, wie hat es gelitten?! Nach ein paar Stunden sehe ich den Lastwagen mit all den Leuten wieder abfahren. Ich stehe neben Linda, halte sie fest an der Schulter und rede dauernd ermunternd auf sie ein. Es vergeht noch eine Stunde, dann hat sie sich innerlich gefangen – oder nur »aufgegeben«, weil sie ja doch dableiben muß!

Unzählige Male habe ich solch eine Situation in den letzten dreißig Jahren erlebt und durchlitten. Manchmal kam ich mir sehr schlecht dabei vor. Warum? Weil man nicht nur mitfühlend, sondern auch hart sein muß, um diese kritischen Momente oder auch Stunden durchzustehen, ob man das möchte oder nicht! Manchmal hatten wir auch Kinder, die tobten und laut schrien und dadurch die anderen auch mit Heimweh ansteckten. Es ist nicht leicht, in solchen Situationen richtig zu handeln.

Thomas

Im ersten Halbschlaf höre ich meinen Namen: »Esther, ich kann nicht schlafen!« Vor mir steht Thomas. »Tut dir etwas weh?« – »Ich habe Heimweh!« Ich setze mich auf den Bettrand. Ein gleichmäßiges Atmen der anderen drei Jungen deutet mir an, daß sie o. k. sind. So spreche ich leise mit Thomas durch, warum ihm jetzt nach den langen Ferien der Schulanfang wieder so schwerfällt. Ich versuche ihm die Gründe aufzuzeigen, damit er seine eigenen Gefühle besser verstehen kann. Es versteht sich von selbst, daß ich ihn an der Schulter fasse oder ihm auch mal über die Haare streiche. Doch immer wieder kommt der Satz: »Ich möchte aber zu meinen Eltern zurück.« Ich kann nur antworten: »Du weißt aber doch, daß das jetzt nicht geht.« Und: »So weine ruhig ein wenig, ich bleibe noch etwas bei dir, und dann sagen wir alles dem Herrn Jesus.«

Nach einer Weile kann ich ihn ein wenig getröstet in seinem Bett zurücklassen und gehe in mein Zimmer zurück. Obwohl die Nacht inzwischen schon weit fortgeschritten ist, finde ich keinen Schlaf mehr. Meine Gedanken werden immer lebendiger. Viele solcher Situationen habe ich schon erlebt, und wie hilflos kommt man sich jedes Mal wieder vor! Und mir wird klar, daß ich viele »heimliche Tränen unter der Bettdecke« nur ahnen kann; nicht alle Kinder geben sie zu, nicht alle zeigen sie nach außen!

Robert

Der Film am Abend hatte ihn etwas aufgeregt. Da er sehr sensibel ist, befiel ihn auch ein wenig Angst. Beim Gute-Nacht-Sagen merke ich schon, daß es sicher noch ein Nachspiel geben wird. In solchen Situationen flüchten sich ja die Kinder am liebsten zu den Eltern. Ich versuche Robert zu beruhigen und gehe dann in die anderen Zimmer zum Gute-Nacht-Sagen.

Es war vielleicht so um Mitternacht, als ich es »Esther« rufen höre. Ich bin sofort wach. »Ja, was ist?« – »Ich kann nicht schlafen, ich habe solche Angst. Ich wollte schon die anderen wecken, aber die schlafen so fest und hören mich nicht.« Kurz überlege ich: Was soll ich tun? »Robert, hole deine Zudecke und das Kopfkissen, ich bring' eine Matratze aus dem Nähzimmer, die legen wir bei mir auf den Boden, da fühlst du dich sicher besser.« Nach ein paar Minuten ist Robert ruhig eingeschlafen und schläft durch bis zum Morgen.

Holger

Spät am Abend höre ich im Zimmer neben mir ein Schluchzen. Ich gehe rüber. »Na, Holger, was tut dir weh?« – »Tante Esther, ich muß jetzt gleich zu meiner Mama!« Die Mama konnten er und sein um ein Jahr älterer Bruder nur zweimal im Jahr sehen. Viele Stunden mit dem Flugzeug waren sie voneinander getrennt. So stehe ich an seinem Bett, lege meine Hand auf seine Stirn, und mein Herz krampft sich zusammen, als ich mich sagen höre: »Holger, sei vernünftig, mit elf Jahren weißt du, daß du jetzt nicht zu deiner Mama kannst.« – »Aber ich kann es nicht mehr aushalten.« – »Du weißt, heute ist es die erste Nacht nach den Ferien, bald hast du dich im Schülerheim wieder eingelebt, dann wird es besser.«

Wie oft hat nicht nur mein Herz geweint, sondern auch meine Augen gingen über. Meistens konnte ich »meine« mir anvertrauten Kinder trösten, indem wir gemeinsam unsere Lage und auch unsere Gefühle dem anvertrauten, der allein wirklich trösten kann.

Ich habe mir auch bei all den Erlebnissen Gedanken darüber gemacht, wie unterschiedlich sich das Heimweh bei den einzelnen auswirkte. Ich denke da zum Beispiel an ein Kind, das sehr verwöhnt war. Ihm fiel es nach den Ferien einfach schwer, wieder in den »normalen« Alltag hineinzufinden. Wenn es etwas nicht mochte, dann bekam es Heimweh – und wie! Es wurde der bemitleidenswerte Mittelpunkt aller – und hat damit erreicht, was es wollte! Als ich diesem Kind das einmal ganz klar verständlich machte, wurde es einfacher, mit ihm umzugehen.

Ich habe die Feststellung gemacht: Je besser sich die Eltern und die Kinder auf die Trennung vorbereitet haben, desto erträglicher wird es im Ernstfall. Klar, weh tut es immer. Abschied nehmen, getrennt sein ist immer ein Einschnitt in eine harmonische Gemeinschaft. Aber wenn man sich positiv darauf einstellt, macht man es allen Seiten leichter! Natürlich spielt da auch der jeweilige Charakter eine entscheidende Rolle.

Ich denke im Moment noch an eine andere Situation. Eine Mutter hat ihr Kind zu uns gebracht. Als es an den Abschied geht, hängt sich der Sohn an die Mutter, weint und bettelt: »Ich will wieder mit dir zurück.« Das geht so eine ganze Weile, ich bekomme schon Bedenken, ob nicht noch ein paar Kinder vom »Heimweh« angesteckt werden. Dann rate ich der Mutter kurz entschlossen zu gehen, wir werden uns um ihr Kind kümmern. Es folgte nochmals ein schlimmer Augenblick – dann ist die Mutter fort! Keine dreißig Minuten später spielt ihr Sohn ganz vergnügt mit den anderen Kindern . . .!

Um die Kinder trösten zu können, habe ich mir oft vorzustellen versucht, was in den Eltern dieser Kinder vorgeht, wenn sie ihre Lieblinge fremden Händen anvertrauen müssen. Es hat mir immer geholfen, barmherzig zu werden, wenn ich mir vorstellte: Wären dies meine Kinder, wie wollte ich, daß man mit ihnen umgeht? Es ist enorm wichtig, daß sich die Eltern früh genug darauf vorbereiten, daß sie ihre Kinder einmal weggeben müssen. Von großer Bedeutung ist auch, daß man im täglichen Alltag darüber spricht, wie schwer das sein wird auf beiden Seiten und was man unternehmen möchte, um es sich gegenseitig leichter zu machen. Denn geteilter Schmerz ist nur halb so schwer! Im Leben kommt es ja sehr darauf an, wie man sich im voraus auf eine Situation einstellt. Verdrängt man sie, wird man dann eines Tages von der unvermeidlichen Tatsache einfach überrumpelt.

Ich bin froh, daß ich bei all den Erlebnissen, die ich geschildert habe, doch heute auch sagen kann, daß aus diesen Kindern inzwischen tüchtige Jugendliche bzw. Erwachsene geworden sind, die nun zum Teil schon wieder ähnliche Situationen mit ihren eigenen Kindern praktizieren können. Denn Schweres im Leben muß ja nicht negativ sein; es kann unserem Leben einen Tiefgang und eine Reife geben, die andere Menschen vielleicht nie erreichen.

Friedhelm

Ich stehe am Herd und bereite das Abendessen vor, da höre ich Autobremsen kreischen und gleich danach: »Tante Esther, komm schnell!« Friedhelm lag unter dem Auto! Nach der Untersuchung im Krankenhaus sah alles doch noch besser aus, als wir es befürchtet hatten. Für den Grundschüler war es dennoch ein Schockerlebnis. Jetzt hätte er die Mutter an seiner Seite gebraucht. Aber auch in diesem Fall war das nicht möglich. So durfte Friedhelm die erste Nacht bei mir im Zimmer schlafen. Ich konnte ihn so auch besser beobachten, falls doch noch etwas Unvorhergesehenes eintreten sollte. Mitten in der Nacht wachte er auf und wollte Geschichten erzählt haben! Er weinte nicht! Wie oft haben mir schon Kinder versichert: »Weißt du, ich möchte jetzt eigentlich lieber bei Mama sein, aber weil du da bist, ist es auch o.k., du weißt ja auch, was jetzt richtig ist!« (Wußte ich es wirklich?)

Martin

Eigentlich stand er auf der Sonnenseite des Lebens. Als er zu uns nach Kugahara kam, wartete auf ihn der Schritt in die 1. Klasse der Deutschen Schule in Tokio. Nur zu gut sehe ich ihn noch oben auf dem Stockbett sitzen, als ich zum Wecken ins Zimmer kam. Kläglich klang seine Stimme, als er mir zu verstehen gab, daß es ihm sehr schlechtgehe, er habe Bauchschmerzen und könne nicht in die Schule. Jedoch das Seltsame war: Kaum waren die anderen Kinder aus dem Haus, da ging es Martin wieder ziemlich gut! Er war regelrecht vergnügt. So ging das einige Tage.

Heimweh zeigt sich in verschiedenen Formen, und besonders dann, wenn einem zu viele Änderungen auf einmal übergestülpt werden. Martins Schweizerdeutsch konnten nicht alle verstehen, die Eltern konnten er und sein Bruder Urs nur höchstens alle drei Monate sehen. Ich kann im Rückblick nur ahnen, wie schwer das alles für ihn gewesen ist!

Wie ging es mit Martin weiter? Er kehrte 1969 in die Schweiz zurück. In Winterthur übernahmen seine Eltern das Heimatsekretariat der Schweizer Allianzmission. Seinen Beruf als Landschafts-Neuanlagengärtner mußte er aufgrund von zwei Unfällen mit Wirbelsäulenfolgen aufgeben. Im Herbst 1980 begann er seine Ausbildung zum Sozialpädagogen. Nach seiner Ausbildung stieg er in die Gruppenleitung einer Knabengruppe des Kinderheimes »Gott hilft« in Zizers ein. Im Juli 1989 übernahm er die Leitung des Kinderheimes »Gott hilft« in Stäfa. Nach der Umstrukturierung des Heimes in eine sozialpädagogische Pflegefamilie und der Integration in einen Verbund solcher Pflegefamilien wurde ihm dessen Gesamtleitung übertragen. Der Verband umfaßt vier Häuser in Stäfa, und Herrliberg bietet ca. 20 Pflegekindern Platz. Martin ist seit 1982 mit Dorothea verheiratet, und sie haben zwei Kinder.

In einem Brief an mich schrieb Martin:

»... Du hast in Deinem Brief meine Vergangenheitsbewältigung angesprochen. Ich setze mich seit einiger Zeit mehr oder weniger intensiv mit meinem ›Gewordensein‹ auseinander. Nicht zuletzt durch meinen Beruf bedingt, begegnete ich vielen ›Folgen‹ und ›Plattfüßen‹ meiner Kindheit. Ich denke schon, daß die fünfjährige Trennung von meinen Eltern und die zum Teil noch längere Trennung von meinen Brüdern Wunden verursacht hat, die ich anzugehen versuche. Dies bedingt aber zuerst, daß ich mir vieles erst einmal bewußt werden lassen kann und vor allem zulassen kann. Das beinhaltet auch Wut und Enttäuschung, die erst danach bereinigt und akzeptiert werden kann. Ich arbeite ja in der Fremderziehung (welcher Zufall !?), so wie ich fünf Jahre bei Dir in Fremderziehung war. Mir wird mit zunehmender Erfahrung immer bewußter, daß Fremderziehung kein 100%iger Ersatz sein kann und darf. Diese Tatsache schmerzt beide Seiten, also die fremderzogenen Kinder und die fremderziehenden Erwachsenen. Ich bin sehr froh, daß ich von meiner Mutter in einem guten Beziehungsverhältnis Abschied nehmen konnte, denn wo erzogen wird, wird man auch schuldig, das erleben wir in unserer Arbeit täglich.«

Eigentlich weiß ich nicht, wer die meisten Tränen unter der Bettdecke geweint hat. Waren es die Kinder, oder sind es gar die Mütter und Väter? Aus Erfahrung würde ich gern noch hinzufügen: Es sind auch die Betreuer, denen die Augen feucht werden. Warum? Weil man manchen kritischen und schmerzlichen Situationen so machtlos gegenübersteht – weil man weniger tun kann, als man eigentlich möchte. Doch wir kennen ja den Einen, der die Tränen zählt – auch die, die heimlich unter der Bettdecke geweint werden, von wem auch immer!

Esther Glawion. 1938 in Schlesien geboren. Ab 1964 als Missionarin in Japan (Hausmutter im Schülerheim Kugahara und Nakanoshima, zeitweise Heimleiterin). 1991 Rückkehr nach Deutschland zur Pflege ihres Vaters. Oktober 1993 bis März 1994 Hausmutter in Wau (Papua-Neuguinea). Jetzt Altenpflegerin in Calw-Stammheim.

Neue Kirche in Kurihashi, Japan 1991

Beim Gemeindesportfest zusammen mit drei Nachbargemeinden in Mitsukaido. Ganz vorn: Jens Kleemann

Zentrum von Kurihashi mit Gemeindeplakat im Hintergrund an der Mauer

Gemeinde Kurihashi im April 1980

Auf Umwegen gerade

von Joachim Kleemann

Es war an einem Abend im Frühjahr 1980. Das Telefon klingelte. »Bruder Kleemann, wir sind beim Abendbrot, der Platz von Jens ist leer.« – »Ist etwas passiert?« – »Wir glauben, daß der Junge jetzt auf dem Weg nach Kurihashi ist.« – »Also ausgerissen?« – »Ja.« – »Das kann doch nicht sein. Jens ist doch noch nie allein vom Schülerheim quer durch Tokio nach Hause gefahren!« sprudelte es aus mir heraus. Jens war damals erst sechseinhalb Jahre alt. Um vom Internat der Liebenzeller Mission zu unserer Missionsstation Kurihashi, nördlich von Tokio, zu kommen, mußte das Kind dreimal umsteigen. Der Bahnhof Ueno hat über 20 Bahnsteige. Dazu haben die Fernzüge einheitliche Farben: die obere Hälfte ab Fensterunterkante ist orange, die untere dunkelgrün.

»Wir sind auch ganz ratlos«, meinte Schwester Esther Glawion, die Leiterin des Schülerheims. – »Tja, da müssen wir eben abwarten und beten!«

Wir machten uns Sorgen. Wir beteten, daß Jens doch noch verspätet zum Abendbrot im Schülerheim auftauchte und nicht etwa ins Wasser des nahen Tamagawa gefallen war. Qualvolle Ängste beschlichen uns. Wir warteten eine halbe Stunde. Wir warteten eine Stunde. Aber der erlösende Anruf, daß der Junge wieder aufgetaucht war, kam nicht.

Mit dem Zug zu uns nach Kurihashi würde Jens drei Stunden benötigen. Diese Zeit wollte und wollte nicht vergehen. Fragen über Fragen tauchten auf: Endlich, nach zwei schweren Jahren, ist eine Gemeinde im Entstehen. Müssen wir jetzt gehen? Was will Gott? Ist das ein Angriff des Teufels auf unsere Arbeit, um uns hier weg zu haben?

Dann riß plötzlich jemand die Eingangstür auf. Jens stand im Türrahmen und strahlte uns an. »Mama, Papa, jetzt darf ich doch immer zu Hause bleiben und von hier in die Schule gehen, ja?«

Es gab uns einen Stich durchs Herz. Wir waren damals zum zweiten Missionseinsatz in Japan. Kurihashi liegt 50 Kilometer nördlich von Tokio, mindestens zwei Autostunden von der Hauptstadt entfernt. Der Verkehr auf den Straßen Japans ist sehr dicht. Wenn es ging, erledigten wir alles mit der Bahn. Natürlich mußten auch die Kinder mit dem Zug in die Schule oder ins Internat fahren. Jens war unser Ältester. Sabine war vier und Torsten drei Jahre alt.

Am Freitag durfte Jens immer gleich von der Schule, die damals noch in Tokio war (heute in Yokohama), nach Hause fahren. Am Wochenende war er also zu Hause. Wir alle freuten uns immer auf diese gemeinsame Zeit. Familie Arthur Kunz, ebenfalls Liebenzeller Missionare, arbeitete damals in Hasuda. Diese Stadt war nicht weit von Kurihashi entfernt und lag an derselben Bahnlinie. So nahmen Priscilla und Tabitha Kunz Jens immer mit in ihre Obhut, und wir holten unser Kind nach nur einer Woche Trennung vom Bahnhof Kurihashi ab. Die erste Frage des Jungen an seine Geschwister war dann meistens: »Was habt ihr in der Woche alles gemacht?« Er hatte immer Angst, er hätte etwas versäumt.

Die Arbeit in Kurihashi war sehr schwer, wie die gesamte Missionsarbeit im Lande der aufgehenden Sonne ziemlich zäh ist. »Ein Kampf um den einzelnen«, wie wir so salopp zu sagen pflegten. Weil die Kleinstadt mit ihren 20000 Einwohnern so dicht bei Tokio lag, arbeiteten die Männer Kurihashis in der Hauptstadt. In Japan heißen Orte wie Kurihashi denn auch bezeichnenderweise »bedtown« (Schlafstadt). Die Männer kommen nur zum Schlafen nach Hause, ansonsten sind sie so gut wie immer in der Firma. Unser Gemeindeglied Yuzo Okamoto war ein typisches Beispiel für diese Situation. Der Mann fuhr morgens kurz vor sechs mit einem der ersten Züge nach Tokio und kam jeden Tag gegen 21 oder 22 Uhr nach Hause! Fast alle Männer in Kurihashi haben diesen Rhythmus.

Die Missionsarbeit in Kurihashi war zehn Jahre alt, als wir sie übernahmen. Vor uns hatten Wilhelm Gerst und Horst Krichbaum hier gearbeitet. Als Glieder der Gemeinde zählten wir eine Frau, Noriko Yoshiba. Eine weitere Frau, Arai-San, kam, war aber nicht getauft und somit auch kein Mitglied. Sie blieb leider nach kurzer Zeit weg. Trotz regelmäßiger Einladeaktionen von Haus zu Haus, vor Schulen, Kindergärten und dem Bahnhof Kurihashi kamen zwar Leute, blieben dann aber wieder weg. So war die Situation zwei Jahre lang. Manchmal saßen Marianne und ich ganz allein in unserer kleinen Kirche. Uns kamen oft die Tränen, wir beteten und feierten dann allein Gottesdienst. Ich predigte meiner Frau.

Die »Kirche« war ein gewöhnliches Einfamilien-Wohnhaus. Für deutsche Verhältnisse sehr klein: ein Sechs- und ein Acht-Reisstrohmattenzimmer, (»Tatamizimmer«; eine Tatamimatte mißt 1,8 Meter x 90 Zentimeter), eine winzige Küche, Plumpsklo und »Genkan« (Hauseingang), in dem sich gerade zwei Personen begrüßen konnten. Das ganze Häuschen war aus Holz gebaut. Wir haben die Pappschiebetüren, die die einzelnen Zimmer trennten, einfach entfernt und bekamen so einen einzigen größeren Raum, in dem bis zu dreißig

Personen Platz hatten. Nur zur Küche und dem Genkan und damit auch zum Klo ließen wir die leichten Schiebetüren drin. Aber das alles reichte völlig aus. Die Kinder saßen in der Kinderstunde sowieso auf dem Boden. In dieser »Kirche« arbeiteten wir. Frau Noriko Yoshiba kam zur Frauenstunde und zum Gottesdienst. Außerdem hatten wir Englisch-Deutsch-Sprachklassen und Kochklassen, die alle gut besucht waren.

Warum kamen aber keine Menschen in den Gottesdienst? Warum sagten alle, sie kämen, und kamen dann doch nicht? Diese Fragen trieben uns immer wieder ins Gebet und ließen uns ins Zweifeln kommen, ob wir überhaupt am richtigen Platz waren, ob sich der Einsatz in Kurihashi überhaupt lohnte.

»Ein Unglück kommt selten allein«, heißt es in einem Sprichwort. In die Situation der »erfolglosen« Missionsarbeit hinein kam das Problem mit Jens. Aber waren es wirklich nur »Unglücke«? Wir waren ja im Auftrage Gottes in dieser Stadt. Wir verkündigten das Evangelium. Wir luden Menschen ein, sich mit ihrem ganzen Leben Jesus Christus anzuvertrauen und sich von der Sünde zu trennen. Wir predigten den Gehorsam zu Gott. Und wir wußten: Der Widersacher Gottes, der Teufel, sah nicht untätig zu. Anfangs schon passierten ganz eigenartige Dinge. Beispielsweise fuhr Sabine mit ihrem Dreirad frontal in ein Auto und lag wie tot am Straßenrand. Etwa ein halbes Jahr lang bekamen wir Verfluchungskarten von Unbekannt. Da hieß es zum Beispiel: »Wenn Sie Kurihashi nicht gleich wieder verlassen, dann stirbt jemand in Ihrer Familie.« – Oder: »Wenn Sie nicht sofort wieder gehen, dann passiert in Ihrer Familie ein großes Unglück . . . es wird einer schwer krank.«

Wir haben diese Verfluchungswünsche immer wieder

genommen, haben uns vor dem Herrn Jesus Christus gebeugt und ihm diese Sache einfach hingelegt und gebetet: »Lieber Herr Jesus, du hast uns hierhergesandt, es ist deine Sache, mit diesen Karten fertigzuwerden.« Wir baten auch gute Freunde in Deutschland, für dieses Problem zu beten. So plötzlich, wie diese Störaktion des Teufels begann, hörte sie eines Tages auch wieder auf. Jesus Christus ist Sieger!

Der Höhepunkt der Kämpfe war für uns sicher die Sache mit Jens. Nun war er also aus dem Schülerheim der Liebenzeller Mission ausgerissen und saß vor uns.

Was sollten wir machen? Ihn strafen? Aber warum? Nur weil er Heimweh nach seinen Eltern und Geschwistern hatte? Nein. Wir versuchten Jens zu erklären, daß er im Schülerheim bleiben mußte, wie die anderen Kinder der Missionare, mit denen er spielte und im Schülerheim lebte, auch. Wenn er nicht bleiben würde, könnten wir Gott nicht mehr in der Gemeinde Kurihashi dienen. Gott in dieser Stadt zu dienen, war aber unsere Arbeit. In der Schule waren Kinder von Kaufleuten und Diplomaten, die auch nicht in Deutschland lebten. Allerdings gingen diese Kinder jeden Tag nach Hause. Wir mußten in Kurihashi bleiben, und Jens mußte ins Internat nach Nakanoshima. Wir weinten alle. Es war zehn Uhr abends. Es zerriß uns fast das Herz. Es war einfach schwer, das zu verkraften. Ich packte das Kind ins Auto; so hatten Marianne und ich uns vorher schon verständigt. Wir waren der Meinung, jetzt konsequent sein zu müssen, damit Jens nicht noch einmal ausriß. Sicher waren wir uns nicht. Ich fuhr Jens nach Nakanoshima, auf der von Kurihashi aus gesehen entgegengesetzten Seite von Tokio gelegen. Unterwegs schlief der Junge vor lauter Weinen schließlich ein. Ich blieb innerlich aufgewühlt. Fragen blieben: Hatten wir es richtig gemacht? Hätte es einen anderen Weg gegeben?

Jens bekam starke Angstträume. Bei der Tropenuntersuchung nach unserem zweiten Missionseinsatz in Japan, riet uns der Arzt, dieses Problem weiter untersuchen zu lassen. Jens wurde in einer Spezialklinik fünf Wochen lang beobachtet und dann mit dem Schlußattest entlassen, daß wir um seinetwillen doch in Deutschland bleiben sollten. Die Leitung der Mission entschied es dann auch so, und wir haben es auch als Gottes Willen angenommen.

Seit vielen Jahren sind wir nun wieder in der Heimat. Wir waren für die Liebenzeller Mission im Westen Deutschlands und haben das dortige Regionalsekretariat aufgebaut. Neben dieser Aufgabe predigte ich Japanern in Düsseldorf das Evangelium und konnte auf vielerlei Weise in der Gemeinde mithelfen. 1989 berief uns die Liebenzeller Mission in die Zentrale nach Süddeutschland, um die Öffentlichkeitsarbeit zu leiten. In dieser Arbeit stehe ich noch. Aber ist es der letzte Platz für uns? Ist Japan vielleicht wieder unser Weg? Das bewegt uns immer wieder.

Jens hat seine seelischen Probleme überwunden und hat einen Beruf erlernt. Und was ist aus der Missionsarbeit in Kurihashi geworden? Wir konnten unser Versprechen nicht halten; nach dem einjährigen Heimataufenthalt reisten wir nicht mehr nach Japan aus. Die geplante Kirche wurde auf dem noch während unserer Anwesenheit gekauften Grundstück ohne unser Zutun gebaut. Gott ist mit seiner Gemeinde. *Er* baut sie und nicht wir! Das Foto zeigt den Kirchbau von Kurihashi im Jahre 1983. Am Bau arbeiten viele mit. Nicht nur die, die im Vordergrund zu sehen sind, sondern auch solche, die hinterm oder im Gebäude fleißig mit Hand anlegen.

Aber alle sind nötig und tragen dazu bei, daß das Bauwerk vollendet und seinem Zweck zugeführt wird. So ist es auch bei der Missionsarbeit und überhaupt mit jedem Dienst in der Gemeinde Jesu. Eine Lektion, die wir in Kurihashi gut verstanden haben. Heute hat die Kurihashigemeinde einen eigenen japanischen Seelsorger und ist selbständig. Die Missionare ziehen weiter, um an anderer Stelle am Bau Gottes zu arbeiten.

Joachim Kleemann. Joachim und Marianne Kleemann, 3 Kinder. Von 1970 bis 1981 in der gemeindegründenden und -aufbauenden Arbeit in Japan tätig gewesen. Von 1982 bis 1990 Aufbau und Dienst im Regionalsekretariat West der Liebenzeller Mission in Nümbrecht, NRW. Seit 1991 Referent für Öffentlichkeitsarbeit der Liebenzeller Mission, Bad Liebenzell.

Damaris Kunz
13.4.1959 - 26.3.1961
habe dich je und je geliebt,
umhabe ich dich zu mir gezogen
lauter Güte.
Jer. 31,3.

Weizenkorn in fremder Erde

von Ruth Kunz

Als die Missionare in Japan 1958 unter der Leitung von Adalbert Ettling nach einem neuen Einsatzort für Arthur Kunz nach dem Heimataufenthalt suchten, wurden sie durch verschiedene Umstände auf die Landstadt Ishioka, ca. 80 km nördlich von Tokio, aufmerksam. Nach einigem Suchen fanden sie mit Hilfe eines Häusermaklers ein altes Ehepaar, das bereit war, die zwei Zimmer im Oberstock seines neuerbauten Häuschens zu vermieten. Es waren nur die beiden Zimmer, je 10 qm; eine Kochstelle wurde auf dem Treppenabsatz eingerichtet, Wasser konnte man mittels Bambusstange und Eimer aus dem Brunnen in einer Ecke des Gartens holen.

Wir lassen Ehepaar Kunz weitererzählen:

Mit großer Freude zogen wir im September 1958 in diese unsere erste eigene Wohnung ein. Viel Einrichtung brauchten wir nicht, sonst hätten wir uns nicht mehr bewegen können. Wir wußten, daß wir dort nur für einige Monate zur Miete sein würden, weil schon ein Bauplatz in Aussicht stand, auf dem ein Missionarshaus gebaut werden sollte.

War es der Strohmattenboden oder der Tabakrauch vom Opa unten, der ständig zu uns hochgezogen kam, oder einfach das andere Klima? – Ruth bekam plötzlich Asthma-Anfälle. Unser väterlicher Missionsarzt in Tokio, Dr. Eitel, lehrte mich, wie ich bei Bedarf meiner Frau Spritzen geben konnte, und empfahl dazu den Aufenthalt in Meeresluft. Mehrere Male fand Ruth bei Geschwister Beck in Nakaminato, direkt am Meer, liebevolle Aufnahme und spürbare Erleichterung, aber zurück in Ishioka war auch das Asthma wieder da. Am 1. Dezember hörten die schweren Anfälle schlagartig auf; wir erfuhren später, daß genau an diesem Tag einige von Ruths Semesterschwestern aus der Bibelschulzeit um Heilung gebetet hatten!

Die Frage: »Müssen wir nach Deutschland zurück?« war damit vom Tisch. Die leichteren Beschwerden im Frühjahr und Herbst waren zu ertragen, und als die Anfälle nach zwanzig Jahren nochmals kamen, ließ Gott auch durch ärztliche Behandlung Besserung geschehen.

Im Advent 1958 konnten wir schon in das fast fertige Missionarsholzhaus einziehen. Nun hatten wir eine richtige Küche, eine eigene Toilette und sogar ein Bad und waren glücklich ohne Tabakrauch.

Inzwischen hatten wir angefangen, die Stadt zu erkunden und dabei auch die vielen Tempel und Schreine entdeckt. Der Weg zum Telefonamt und zum Bahnhof zum Beispiel führte am Kompira-Schrein vorbei. Er wird besonders von Seeleuten aufgesucht. Der dort verehrte »Gott« ist ein Zwischending zwischen Krokodil, Fisch und Schlange. Man schreibt ihm vor allem bewahrende Kräfte auf dem Meer zu. Im Laufe der Zeit erfuhren wir, daß Orte mit diesem Schrein besonders ablehnend gegen das Evangelium seien. Auch der Name der Stadt – *Ishioka* bedeutet »Steinhügel« – hatte uns schon darauf hingewiesen, daß wir hier wohl harten Boden zu erwarten hatten.

Aber wir wußten uns von Gott hierhingestellt und erlebten auch schrittweise, wie er uns Türen auftat. Zunächst war es nur die Tür einer Nähschule, wo wir für den Sonntagmorgen sowie für Sonntag und Donnerstag abends ein Unterrichtszimmer mieten konnten. Die Besitzerin des Hauses und Leiterin der Schule war auch sehr daran interessiert, daß ihr Junge, ein rechter Lausbub, »in der Sonntagsschule Gehorsam lernen« sollte. Während der Bibelstunde wurden wir zwar manchmal durch das Kichern und Plappern der Nähschülerinnen auf der anderen Seite der Schiebetüren gestört, aber wir hofften, daß dafür auch von unserer Seite etwas vom lebendigen Samen hinüberfallen würde.

Anfangs konnte man kaum von einer »Versammlung« sprechen, eher von den biblischen »zwei oder drei in seinem Namen«, uns beide inbegriffen. Manchmal fing Arthur mit der Sonntagspredigt auf deutsch an, weil Ruth der einzige Zuhörer war. Wenn dann nach einer halben Stunde oder mehr doch noch Besucher auftauchten, fing er einfach auf japanisch von vorne an.

Die ersten Interessierten waren einige junge Mädchen, der Besitzer eines kleinen Elektrogeschäftes mit vielen Sorgen, eine Großmutter, die staunend erlebte, daß Gott in ihrem Alltag Gebete erhörte, ein kranker junger Schreiner, ein alkoholkranker Vater, ein Tankwart – einer nach dem anderen faßte sich ein Herz, zu hören, was für einen Gott dieser lange Ausländer wohl zu verkündigen hatte. Im Land der sprichwörtlichen acht Millionen Götter war ja von ihrer Sicht aus kein Bedarf, »noch einen aus dem Ausland« vorzustellen – oder doch? Es ist ein großes Vorrecht, von unserem lebendigen Herrn zu erzählen, der uns kennt und liebt und uns die Lasten abnimmt. Einen solchen Gott gibt es sonst nirgends. Auch die Kinder hörten (meistens) aufmerksam den biblischen Geschichten zu und sangen begeistert Jesuslieder. Das Fernsehen war eben erst im Kommen, und noch übten die großen, *Kamishibai* (»Papiertheater«) genannt, bunten Bilderbögen, je 12 zu einer Geschichte, eine gute Anziehungskraft aus.

Von Ishioka aus konnte Arthur auch in Kakioka, das

er schon vorher von seiner ersten Station Makabe aus betreut hatte, die wöchentliche Abendbibelstunde halten und in einem anderen Nachbarort, Ogawa, eine Versammlung und Kinderstunde beginnen. In einem Eisenbahner-Sanatorium konnte er interessierte Patienten und den sehr fragenden Chefarzt in die Bibel einführen. Bei all diesen auswärtigen Diensten war Arthur sehr froh für seinen Motorroller, der ihn auf primitiven Straßen von Ort zu Ort brachte. Inzwischen freuten wir uns auch auf die Ankunft unseres ersten Kindes. Noch nicht lange im fremden Land, die nächsten Missionare (Familie Meyer) 20 km entfernt, Dr. Eitel in Tokio 80 km, die Angehörigen in weiter Ferne – das bevorstehende Ereignis war schon eine aufregende Sache.

Bei einem Korbflechter hatten wir einen stabilen Korb als Babybettchen machen lassen; Arthur baute ein Gestell mit Rädern dazu. Schön ausstaffiert mit Decke und Vorhang stand es nun mit allem anderen bereit. Für die Geburt hatte Dr. Eitel Ruth im Heilige-Mutter-Hospital angemeldet, das wegen seiner guten Betreuung und Sauberkeit gerne von Ausländern aufgesucht wurde. Es war noch vor der Geburt, als Arthur sich auf Anraten von Dr. Eitel entschloß, über Nacht bei Ruth im Krankenhaus zu bleiben. Weil sich aber noch nichts regte, fuhr er morgens wieder nach Ishioka zurück.

Arthur erzählt: Als ich morgens ins Haus kam, war ich sehr erstaunt, meine Tasche auf dem Tisch liegen zu sehen, die ich gewiß nicht dorthin gelegt hatte. Zuerst dachte ich, daß vielleicht einer meiner Brüder zu Besuch gekommen war, doch im nächsten Augenblick wurde mir klar, daß unerwünschter Besuch im Haus gewesen war, der alles durchsucht und vieles mitgenommen hatte: Lebensmittelvorräte, das Tonbandgerät, den Staubsauger und einige andere Wertsachen. Um an die oberen

Fächer der Wandschränke zu kommen, war er in den Stubenwagen gestiegen, der dabei zusammengebrochen war. Das Fahrrad, mit dem ich zur Polizei wollte, war auch verschwunden. Man fand es später wieder irgendwo am Straßenrand mit einem Bettuch und dem zu schweren Tonbandgerät. Den Dieb fand man nicht. Das war natürlich ein Schock, und ich durfte Ruth bis nach der Geburt ja nichts davon sagen.

Am 13. April 1958, wenige Tage nach der prunkvollen Hochzeit des jetzigen Kaisers Akihito, kam unser Töchterlein durch Kaiserschnitt zur Welt.

Ruth erzählt: Unvergeßlich bleibt mir, wie ich am zweiten oder dritten Tag Dr. Eitel nach dem Befinden seiner schwerkranken Frau fragte. Seine Antwort war: »Es geht ihr gut, sie hat keine Schmerzen mehr!« Dort hatte ein dem Herrn geweihtes Leben seine Vollendung gefunden, und hier hatte Gott uns ein neues, kleines Leben anvertraut.

Die Frau Damaris aus der Apostelgeschichte (17, 34) wählten wir für unser Kind als Namen – und Glaubensvorbild. Ein kleines, blondes Ausländerkind erregte natürlich noch mehr Aufsehen in der Stadt als zwei Erwachsene und brachte, zumindest auf der Straße, viele neue Kontakte. Nicht ganz so erfreut war ich, wenn Frauen das Baby aus dem Wagen nahmen, drückten und küßten. Doch ich wollte ja die Leute gewinnen, und so überwand ich mich, sie gewähren zu lassen.

Einmal habe ich darin versagt; ich konnte es viele Jahre nicht vergessen. Beim Spazierengehen mit dem Kinderwagen kam ich an einem Gehöft vorbei. Die Bauersfrau war ganz entzückt und wollte dem Kind etwas Gutes tun. Sie brachte eine frischgebackene Süßkartoffel. Ängstlich lehnte ich ab, weil ich dachte, der kleine Magen verträgt das nicht. Enttäuscht und sicher sehr verletzt wandte sie sich ab. Da habe ich vielleicht eine Tür für das Evangelium zugeschlagen.

Recht bald war Damaris auch bei den Kinderstunden dabei, die wir im Freien hielten, besonders oft auf dem Platz vor einem kleinen Tempel. Niemand wehrte uns, und die Kinder aus der Nachbarschaft wußten schon, wenn wir mit dem Geißenglöckchen läuteten, daß es Zeit war für die Jesusgeschichte. Ob wir einmal etwas davon sehen werden, wie der Same aufgegangen ist?

Zu Hause liebte Damaris die Geschichten aus einem englischen Lukas-Evangelium, mit bunten Bildern. Nach einiger Zeit stimmte sie am Schluß der Geschichte selber den Vers an, der hinten auf dem Buch stand: Tell me the story of Jesus, write on my heart every word! (»Erzähl mir Jesu Geschichte, schreib jedes Wort in mein Herz!«)

Arthur erzählt: Wie man von einem Kind das Staunen über Gottes Schöpfung neu lernen kann, erlebten wir eines Abends, als ich mit Damaris beim Dunkelwerden die Runde ums Haus machte, um von außen die hölzernen Läden in die Schienen vor den Fenstern und Türen zu schieben. Wohl zum ersten Mal hatte sie bewußt den Vollmond gesehen. Ganz erfüllt und begeistert berichtete sie drinnen der Mutti: »Groooße Mond gseh!«

Ein anderes kleines Erlebnis kam uns später noch oft in den Sinn. Damaris stand im Hauseingang in Vatis Schuhen und mit seinem großen, schwarzen Schirm in der Hand. Auf unsere erstaunte Frage: »Ja, wo willst du denn hin?« kam prompt die Antwort: »Großmutti gah!« – Dieses Verlangen nach einer Person, die sie noch nie gesehen hatte und von der sie nur wußte, daß diese sie sehr liebhatte, kann unser Verhältnis zu Jesus ein wenig andeuten.

Ruth weiter: Sonntags nahmen wir Damaris selbstverständlich mit zum Gottesdienst. Wir mußten nur aufpassen, daß nicht sie der Mittelpunkt wurde, sondern vor allem die jungen Mädchen auch wirklich auf die Botschaft achthatten. Vor den Abendversammlungen brachte ich sie zur gewohnten Zeit ins Bett, betete und sang mir ihr und löschte das Licht, wie sie es gewohnt war. Dann ging ich auch zum nur drei Minuten entfernten Versammlungsraum, um das Eingangslied auf dem Harmonium zu begleiten. Manchmal ging ich sofort anschließend, manchmal auch erst etwas später wieder nach Hause, blieb dort längere oder kürzere Zeit und kam gegen Schluß nochmals in die Bibelstunde zurück.

Am Palmsonntag 1961 (26. März) schneite es heftig, als ich mich abends auf den Weg in die Stunde machte. Schnee, und dann noch zu dieser Jahreszeit, wo in Japan schon der Frühling begonnen hat, war etwas sehr Ungewöhnliches. Auf dem kurzen Weg zwischen den Feldern kam mir ein Mann entgegen, der den Arm über die Augen hielt. Da er keinen Schirm hatte, dachte ich mir nichts dabei, er hätte ja sonst im Schneetreiben nichts gesehen. Drüben in der Stunde sangen wir zum Üben auf Ostern eben das erste Lied: »Wie die herrlichen weißen Lilien nach dürrem Winter leuchtend blühen, so hat Gott seinen geliebten Sohn auferweckt.«

Mitten im Lied hörten wir draußen hastige Schritte und gleichzeitig den Ruf: »Es brennt!« Entsetzt drängten alle nach draußen. Arthur rannte los, ich folgte mit den anderen so schnell es ging. Miyuki, ein junges Mädchen, hielt mich an der Hand – es war sechs Wochen vor der Geburt unserer Priscilla. Der grelle Feuerschein erleuchtete die Nacht. Der Hausschlüssel, den ich Arthur noch hastig zugesteckt hatte, nützte nichts mehr. Das leichte Holzhaus stand bis zum Dach lichterloh in

Flammen. Arthur wollte hinein, aber es war unmöglich. Wir wußten, daß unser Kind nicht mehr lebte. »Damaris ist beim Heiland!« war alles, was er sagen konnte.

Die Feuerwehr kam nach einigen Minuten, aber sie konnte nur noch die Flammen löschen und damit das Holzgerippe vor dem sofortigen Zusammenbrechen bewahren.

Als wir uns zum Weggehen wandten, geschah etwas Wunderbares. Ich fühlte mich auf einmal wie von starken Armen gehalten. Das waren keine Menschenarme, obwohl die auch da waren. Ich spürte es körperlich, wie Gott mich an sein Herz nahm und mich unbeschreiblich tröstete. Da wurde ich ruhig und wußte: Jesus ist da!

Eine japanische Familie, deren Tochter am Evangelium interessiert war, nahm uns für die Nacht auf, wehrte die Reporter ab und sorgte rührend für uns. Als weiteres Zeichen der Fürsorge Gottes erinnerte er uns in jener Nacht an die Verheißung: »Ich habe dich je und je geliebt, darum habe ich dich zu mir gezogen aus lauter Güte« (Jer. 31,3). Wir wußten ganz klar: Das gilt unserer Damaris. Er hat sie zu sich gezogen. Das gilt auch uns, denn er hat uns von Ewigkeit her geliebt.

Diese zarte Liebe Gottes begleitete uns auch in den schweren Tagen, die folgten, so daß wir nicht in schwarze Tiefe versanken, sondern in der tiefen Geborgenheit bei Gott ruhen konnten. Auch an dem kleinen Grab auf dem Ausländer-Friedhof in Yokohama (damals waren die örtlichen Grabstätten fast ausnahmslos buddhistisch) waren wir getröstet durch die Gewißheit, daß unser Kind bei Jesus ist. Als Bestätigung und Zeugnis dafür ließen wir auf den kleinen Grabstein eine Krone meißeln und dazu die obige Verheißung.

Besonders stark haben wir in jener Zeit die Macht der Fürbitte erfahren. Unsere Mitmissionare waren als erste zur Stelle, und wir spürten hinter ihren Worten und aller praktischen Hilfe ihre mittragenden Gebete. Auch andere Missionare und japanische Gläubige ließen uns ihre Fürbitte wissen. Aus der Heimat erreichten uns viele herzliche und ermutigende Briefe. Wir waren erstaunt, daß der Schweizer Botschafter an der Beerdigung teilnahm und einige Zeit später eine unbekannte Familie von der Amerikanischen Botschaft uns mit einem Geschenk besuchte. Aber am größten wurde uns doch das enge Zusammengehören der Gottesfamilie.

Direkt nach dem Brandfall gab es viele Befragungen durch die Polizei. Dabei wurde auch bekannt, daß die Besitzerin der Nähschule einmal eine an uns gerichtete Drohpostkarte abgefangen hatte, die mit »Der Teufel« unterschrieben war. Sie wollte uns Angst ersparen und hatte damit sicher recht getan. Zunächst wurden von der Polizei auch alle Möglichkeiten einer Selbstverschuldung geprüft. Darüber gingen in der Stadt allerlei seltsame Gerüchte um. Aber als man bei der Untersuchung der Trümmer einen Benzinkanister fand, wo das Wohnzimmer gewesen war, gab es keinen Zweifel mehr: Brandstiftung. Der Mann, der mir im Schneetreiben begegnet war, ist wohl direkt danach ins Haus eingebrochen und hat das Feuer gelegt. Daß in diesem Wetter kaum jemand unterwegs war und auch die Nachbarn die Läden alle geschlossen hatten und erst spät den Brand bemerkten, hatte er sicher eingeplant.

Der Mann wurde nie gefunden, aber Gott hat es uns geschenkt, daß wir viele Jahre für ihn beten konnten. Er weiß, was aus ihm geworden ist, und kann ihn eines Tages Vergebung und neues Leben finden lassen.

Zur Feststellung der Todesursache unserer Damaris gingen zwei unserer japanischen Prediger mit auf das Gerichtsmedizinische Institut in der Nachbarstadt. Wir waren sehr dankbar für das Anerbieten unseres Mitarbeiters Mochinaga, von Damaris »Onkel Mo« genannt. Er hatte noch am letzten Tag mit ihr am Harmonium bei uns zu Hause gesessen. Er sagte: »Behaltet euer Kind im Gedächtnis, wie es gelebt hat. Laßt uns den schweren Weg gehen.« Er hat uns dann auch berichtet, daß das Kindergesichtchen ganz friedlich ausgesehen habe, ohne Zeichen der Angst. Tief bewegt und getröstet hat uns auch die Feststellung der Todesursache: Im Schlaf durch den Rauch erstickt. Also mußte unser Kind gar nicht durch die Schrecken des Feuers hindurch. Wie treu und wie gut ist unser Herr, auch im dunklen Tal.

Im Blick auf dieses Erleben wurden wir oft an das Wort vom Weizenkorn erinnert, das in die Erde fallen muß, damit Frucht entsteht. Wie Gott das verwirklicht, werden wir im ganzen Umfang wohl erst in der Ewigkeit erfahren. Die Gemeinde in Ishioka besteht und wächst, wenn auch unter manchen Schwierigkeiten und Anfechtungen.

Sehr erstaunt waren wir über eine Begegnung im Sommer 1991, als wir in Ishioka und Kakioka noch einen Abschiedsbesuch machten. Bei einem Birnengarten außerhalb des Ortes legten wir eine kurze Pause ein. Ein Bauer war mit seiner Frau an der Arbeit. Wir kamen ins Gespräch, und der Mann fragte: »Ja, seid ihr nicht die, bei denen es mal gebrannt hat und das Kind gestorben ist? Ich war damals ein Schuljunge und kann mich noch gut daran erinnern.«

Nach dem Brand hatte jemand zu uns gesagt: »Euch ist ja etwas ganz Schlimmes zugestoßen, aber wir in Ishioka sind nicht alle schlechte Menschen!« Ja, die meisten sind zur Tagesordnung übergegangen, und manche haben vielleicht den einmal gehörten Ruf Gottes wieder vergessen. Aber der Herr der Ernte ist weiter am

Werk, und wenn einige, die dieses Zeugnis lesen, für die Gemeinde und die Stadt Ishioka beten wollen, dann haben wir es nicht umsonst weitergegeben.

Sag ja zu Gottes Wegen,
Gottes Wege sind immer gut,
er führt dich allerwegen
stets in seiner Hut.

Ruth Kunz. Arthur und Ruth Kunz, 4 Kinder. Von 1952 (resp. 1958) bis 1991 in der gemeindegründenden und -aufbauenden Arbeit sowie als Feldleiter in Japan tätig gewesen. Jetzt im Ruhestand in der Schweiz. Die beiden Töchter stehen heute im Missionsdienst in Japan.

Shantikutir, Bangladesh, Klinik

Mallikbari, Bangladesh, Andacht in der Klinik

Gott hat alles wohlgemacht

von Christel Werner

Auf den Fluren des Krankenhauses herrscht ein reges Hin und Her, Türen gehen auf und zu. Das Abendessen wird ausgeteilt. Auf der chirurgischen Station schreckt ein Ruf die Schwester mit dem Essenswagen auf: »Schwester, kommen Sie schnell zu dem Patienten in Zimmer acht!« Die Schwester läßt den Wagen stehen und schaut nach dem jungen Bäckergesellen Hans Werner. Der stöhnt und krümmt sich vor Schmerzen. Hans Werner ist erst am Vortag an einem Darmverschluß operiert worden, und der Arzt ist sehr schnell zur Stelle.

»Haben Sie etwas gegessen?« Auf dem Nachttisch liegt eingewickelt ein angeschnittenes Früchtebrot, das Kollegen dem Kranken gebracht haben. »Ja, eine Scheibe«, stöhnt der Frischoperierte.

»Sind Sie wahnsinnig? Wissen Sie denn nicht, daß man nach einer Darmoperation einige Tage absolut fasten muß?« Aufgebracht verläßt der Arzt das Zimmer; im Hinausgehen sagt er zu der Schwester: »Wenn der morgen früh noch lebt, ist ein Wunder geschehen.«

Panische Angst ergreift den Patienten. Ich muß sterben! Er fleht zu Gott: Greif ein, bitte, mach mich gesund! Die halbe Nacht kämpft es in ihm: Wenn du mir hilfst, soll mein ganzes Leben dir gehören! Aber kann man denn ein solches Versprechen halten? Ich will ewig dankbar sein. Wirklich? Lieber Gott, wenn du mich gesund machst, dann will ich dir immer dankbar sein, wenn du mich daran erinnerst. Und Hans Werner schlief ein und schlief durch. Als er am Morgen erwachte, war er ohne Schmerzen und verspürte eine große Freude. Dieser Morgen war der Beginn eines neuen, befreiten Lebens mit Gott. Die Jungscharstunden, die er in seiner Gemeinde im schwäbischen Oberland leitete, bekamen ein anderes Gesicht, und der Lob und Dank gegen seinen himmlischen Vater, auch für die kleinsten Dinge des Alltags, begann sich wie ein roter Faden durch sein Leben zu ziehen.

Durch seinen Pfarrer, der seine theologische Ausbildung am Seminar der Liebenzeller Mission gemacht hatte, erwachte in Hans Werner die Bereitschaft zum vollzeitlichen Dienst für Gott. Er bewarb sich um einen Ausbildungsplatz in Liebenzell und bekam auch eine Zusage, allerdings mit einem Jahr Wartezeit, da die Brüderklasse schon voll besetzt war. Unser zielstrebiger Missionskandidat nutzte das Jahr als Bauhelfer in der Maurerbranche, denn, so sagte er sich, Bauerfahrungen konnten auf dem Missionsfeld sicher nicht schaden.

Die im Herbst 1950 beginnende Seminarausbildung wurde ihm zu einer tiefgreifenden Erfahrung; eigentlich, so meinte er später, begann sein Leben erst hier richtig. Ob griechische Vokabeln, Brotbacken in der Missionsbackstube, englische Grammatik oder Posaunenspiel – nichts wurde Hans Werner zuviel, und mancher dachte, er wolle sich als Streber lieb Kind bei seinen Lehrern machen. Wer ihn aber gut kannte, der wußte, daß es ihm nur darum ging, mit starker Willenskraft das erkannte Ziel nicht mehr aus den Augen zu verlieren.

Zu diesem Ziel gehörte schon bald, daß Hans Werner unter den Moslems missionieren wollte. Als er zu Anfang seiner Seminarzeit in einer württembergischen Kirche einen Vortrag eines Islam-Missionars hörte, nahm er jedes Wort in sich auf. Und als er in der Kirche künstlerische Darstellungen von hingerichteten Märtyrern sah, ging es ihm wie eine Vision auf: Ich werde auch als Märtyrer sterben. Er hat mit diesem Erlebnis nicht hausiert; nur sehr enge Freunde wußten davon.

Doch aus seinem Ziel, unter Moslems zu missionieren, und zwar in Afghanistan, machte er kein Geheimnis. Und da in Afghanistan jegliche Missionsarbeit verboten war und er folglich nur mit einem »normalen« Beruf in dieses Land kommen konnte, ließ er sich nach seiner Seminarzeit noch zwei Jahre lang in Tuttlingen zum Krankenpfleger ausbilden.

Danach führte Hans Werners Weg vorerst nach Berlin in die Gemeinschaftsarbeit. Berlin und die Berliner waren nicht sein Fall. »Eine Berlinerin heirate ich nie!« nahm er sich fest vor. Und durfte man denn überhaupt eine Familie gründen, wenn man in ein Land wie Afghanistan ging? Sicher, da war Christel Kothe, die Tochter des Gemeinschaftsvorsitzenden aus dem Nachbarbezirk, die ihm nicht gänzlich unsympathisch war. Hans Werner hatte in Erfahrung gebracht, daß die junge Drogistin sogar bereit war, ihren Beruf an den Nagel zu hängen, um Gott in der Mission zu dienen. Aber mit Frau nach Afghanistan? Besser auf Distanz bleiben.

Christel merkte, daß es wohl doch ein Irrtum war, wenn sie meinte, bei dem jungen Liebenzeller Prediger so etwas wie Zuneigung entdeckt zu haben. Was tat sie also? Sie meldete sich kurzentschlossen zur Ausbildung bei der Liebenzeller Mission an; Berufsziel: Missionarin. Daß sie dabei war, einer Schwesternschaft beizutreten, das wußte die Berlinerin nicht, und durch ein Versehen erhielt sie die Liste mit den Kleidern, die sie brauchen würde – einschließlich der genauen Zahl grauer und schwarzer Strümpfe. Und so kam die neue Schwester Christel im Herbst 1958 lächelnd und in modischer Kleidung, komplett mit Ring, Halskette und Perlmuttspange im Haar, in Liebenzell an und stellte sich ihren teils amüsierten, teils auch etwas schockierten künftigen Kolleginnen vor.

Perlmuttspange und sonstiges verschwanden bald in einer Schublade, aber trotzdem: den inneren Ruf in die Schwesternschaft hatte Christel nicht. Sie fand es nicht, wie die anderen, natürlich, nach dem ersten Jahr die »Zivilkleidung« abzulegen und die Schwesterntracht anzuziehen. Sie wollte Gott dienen, jawohl – aber doch wohl nicht als Diakonisse?

Aber zurück zu dem schwäbischen Missionskandidaten, der keine Berlinerin heiraten wollte. Hans Werner bekam Kontakt zur Christoffel-Blindenmission, die unter blinden Moslems arbeitete. Was eröffnete ihm diese Mission? Daß Ehelosigkeit in den islamischen Ländern ein unmöglicher Zustand sei, weswegen auch ein Missionar unbedingt verheiratet sein müsse. Nun gut, wenn es denn sein mußte . . . Und zur Not nahm der Mensch vielleicht sogar eine Berlinerin. (Später sollte der Ehemann Bekannten gern erklären, daß die Mutter seiner Frau keineswegs aus Berlin, sondern aus Pommern stammte.)

Inzwischen genoß die Berlinerin auf dem Liebenzeller Missionsberg ihre Ausbildung. Vieles machte ihr Freude. Aber die inneren Kämpfe blieben. Die Mitschwestern ahnten nichts davon; nur einmal sagte eine: »Du siehst manchmal so traurig aus, als wenn dir jemand gestorben wäre.«

Und dann kam ein Brief. Aus Berlin. Der Missionskandidat mit der Abneigung gegen Berliner Frauen fragte an: »Willst du meine Frau werden?« Sie wollte, wenn Gott seinen Segen dazu gab. Und er hat ihn gegeben, in Höhen und in Tiefen.

Doch noch konnten sie zusammen nicht kommen. Im

Einverständnis mit ihrem Verlobten sollte Christel zunächst noch die Hebammenschule in Tübingen besuchen, damit auch sie im Missionsland einen Pflegeberuf ausüben konnte. Und für Hans Werner öffnete sich überraschend eine Tür nach Isfahan im Iran, wo die Christoffel-Mission einen Betreuer für ihr dortiges Heim für blinde Jungen benötigte. Die Liebenzeller Mission, die im Orient damals kein eigenes Arbeitsgebiet hatte, gab Hans Werner frei.

Der Iran war ein gutes Sprungbrett für einen Einsatz in Afghanistan, denn in beiden Ländern wird als Sprache das Farsi gesprochen. Ohne Sprachschule und neben seinen Aufgaben im Blindenheim erlernte Hans Werner die Landessprache mit einem solchen Feuereifer, daß er bereits nach achtzehn Monaten sich nicht nur allgemein verständlich machen, sondern sogar Andachten halten konnte. Seine Schüler unterrichtete er anhand von Blindenschulbüchern der gängigen Grundschulklassen, den älteren erteilte er Unterricht auf der Blindenschreibmaschine – eine wichtige Vorbereitung für ihr späteres Berufsleben.

Im Sommer 1961 gab es dann endlich die schwäbische Berliner Hochzeit, und fortan standen die beiden Eheleute gemeinsam im Dienst an den Blinden in Isfahan.

Aber ihr Blick und ihre Gebete gingen immer wieder ins Nachbarland Afghanistan, dessen Hauptstadt Kabul Hans im Sommer 1960 während seines Urlaubs zwei Wochen lang besucht hatte. In Kabul gab es eine große, von einem amerikanischen Pfarrer geleitete christliche Ausländergemeinde. Die meisten ihrer Glieder waren Missionare, die in ihrem Beruf tätig waren – ob als Augenarzt oder Krankenschwester, Sekretärin, Lehrer oder Blindenlehrer. Sie konnten ihre Missionsarbeit nur unter größter Vorsicht und stetiger Führung Gottes betreiben, denn ein unbedachtes Wort in das verkehrte Ohr konnte in diesem Land, in dem christliche Mission verboten war, die sofortige Ausweisung bedeuten. Die Organisation nannte sich IAM (»International Afghan Mission«, deutsch: »Internationaler Afghanistan-Einsatz«); Eingeweihte wußten, daß IAM auch für das englische »I am« stand (»Ich bin, der ich bin«). Klar, daß Hans sich danach sehnte, auch in dieser Gemeinde in Kabul tätig zu werden. Aber wie hineinkommen? Und welche Tätigkeit könnte er dort ausüben? Seine Krankenpflegerausbildung konnte er höchstens auf Männerstationen einsetzen. Gut immerhin, daß er seit einem Jahr bei der Studiengemeinschaft Darmstadt einen Fernkurs in Bautechnik absolvierte.

Im englischen Missionshospital in Isfahan wurde Hans und Christel das erste Töchterchen geboren. Die kleine Christine machte Eltern und Blinden viel Freude. Doch die junge Familie sollte nicht mehr lange in Isfahan bleiben. Die Mission hatte einen jungen Diakon mit Familie für zehn Jahre als Hausvater angestellt, der Werners ablöste.

Wohin jetzt? Auf keinen Fall wollten sie, so dicht vor den Toren Afghanistans, zurück nach Deutschland. Gott führte sie zunächst nach Teheran, wo Hans am deutschen Goethe-Institut jungen Iranern Deutschunterricht erteilen konnte; seine guten Kenntnisse der Landessprache kamen ihm dabei zugute. Es war keine leichte Zeit. Die Hälfte der Einkünfte ging in die Miete für die Zweizimmerwohnung, und in den drei schulfreien Sommermonaten waren drei private Sprachschüler die einzige Verdienstquelle. Ab und zu kam, wie ein warmer Regen, eine Geldüberweisung aus Deutschland, und endlich konnte auch der alte Mercedes, der seit

Monaten defekt in einer Autowerkstatt stand, repariert werden.

Das Bautechnik-Fernstudium kam in der Teheraner Zeit gut voran. Im Oktober 1963 wurde den Werners die zweite Tochter, Renate, geboren. Da sie für eine Hebamme kein Geld hatten, machte die werdende Mutter selber die Geburtsleitung und der Vater, der während seiner Krankenpflegerausbildung auch Geburten miterlebt hatte, den Geburtshelfer. Immer wieder in dieser kärglichen Zeit konnte die kleine Familie sich neu in die Hand des himmlischen Vaters legen, und es gab viel Freude und Lachen in der kleinen Wohnung.

In den Sommerferien 1964 reiste Hans wieder nach Kabul – diesmal, um Arbeit bei einer Baufirma zu finden. Die zahlreichen deutschen und anderen ausländischen Firmen, die an verschiedenen Großprojekten im Land beteiligt waren, hatten ihre eigenen Poliere mitgebracht, doch die einheimische staatliche Baufirma stellte Hans als Bauleiter einer im Bau befindlichen staatlichen Druckerei ein. Seine Eintrittskarte waren einmal mehr seine Sprachkenntnisse: er konnte sich mit den afghanischen Arbeitern ohne Dolmetscher unterhalten. Und so stand die kleine Familie Werner bald dankbar und bewegt auf den Höhen über Kabul und bat Gott um seinen Segen in diesem Land ihrer Berufung. Eine Wohnung im Haus eines alleinstehenden Missionars wartete schon.

Hans fand ein gutes Arbeitsklima vor und hatte bald guten Kontakt zu den beiden polnischen Architekten, die das fünfstöckige Gebäude mit Marmorfassade geplant hatten. Etwa 250 Bauleute mußte Hans anleiten und für die Lieferungen von Zement, Kies und Eisen sorgen. Die Frühstücks- und Mittagspausen boten wachsende Gelegenheiten zu Gesprächen über die Bibel und den christlichen Glauben, besonders mit den Vorarbeitern, und nach sorgfältigem Abwägen – man mußte immer mit Spitzeln rechnen – wechselte so manche Bibel ihren Besitzer. Womit nicht etwa ein neuer Bibelleser gewonnen war, denn der Orientale liest wichtige Schriften nicht für sich allein, sondern wird umringt von Verwandten, Freunden und Nachbarn. Oft wurden Bücher auch mit in die Dörfer genommen, wo alles Gedruckte noch mehr Seltenheitswert hatte und man sich eines unermüdlichen Zuhörerkreises aus Analphabeten sicher sein konnte.

Mit den Lieferungen, die auf die Baustelle kamen, nahm Hans es sehr genau. Er zählte und maß genau nach, und das lange Gesicht so manches armen Lieferanten reizte die Lachmuskeln, wenn es lang und länger wurde, weil viel weniger herauskam, als auf dem Lieferzettel stand. Wie ein Vorarbeiter einem dieser frustrierten Zulieferer einmal schmunzelnd sagte: »Solche Geschäfte kannst du mit Mr. Werner nicht machen, der ist ein christlicher Mullah.«

In der Familie kam inzwischen die dritte Tochter an, Annedore, und bald erfüllte das Lachen von drei Mädchen das Haus.

Als der Arbeitsvertrag mit der afghanischen Baufirma auslief, war nach fünf Jahren der erste Heimaturlaub angesagt. Mit großer Freude schlossen die Großeltern in Berlin die drei kleinen Mädchen in ihre Arme. Gott sorgte sofort für eine möblierte Wohnung, in der die Missionarsfamilie sich bald wohlfühlte. Hans bekam eine Anstellung beim U-Bahn-Bau in Berlin und konnte nebenher die Abschlußprüfungen seines Fernstudiums ablegen. Johannes Markus kam zur Welt. Die geistliche Heimat der Familie war das Gemeinschaftshaus, wo

Hans im Posaunenchor war und manchmal eine Stunde hielt.

Würde sich wieder eine Tür nach Afghanistan öffnen? Oft falteten sich die Hände über dieses Anliegen. Die Jahre vergingen, die Kinder kamen in die Schule, die Wohnung wurde renoviert, Nesthäkchen Susanne wurde geboren. Besonders Christel, die mit Begeisterung Mutter war, konnte es sich allmählich nicht mehr recht vorstellen, mit fünf Kindern noch einmal hinaus ins Ungewisse zu ziehen. Und als ein in Leonbronn bei Heilbronn wohnender Bruder von Hans der Familie ein Baugrundstück anbot, griff sie gerne zu. Die Eltern hatten schon längst vor, ihre Kinder nicht für immer in einer Großstadt aufwachsen zu lassen.

Dann kam das Frühjahr 1972 und ein neuer Ruf nach Afghanistan, für drei Jahre. In der Stadt Herat, etwa 1000 km von Kabul entfernt an der iranischen Grenze, sollte eine Augenklinik errichtet werden; Träger war die bereits erwähnte IAM, die Kosten wurden von »Dienste in Übersee« (Stuttgart) übernommen. Aber sollte wirklich die ganze Familie ausreisen? Die Mutter und die Kinder würden in Kabul bleiben müssen, denn nur dort gab es eine deutsche Schule. Sollte Hans also für die ganzen drei Jahre allein ausreisen? Doch dieser Gedanke machte das Herz noch schwerer. Die Entscheidung kam, als »Dienste in Übersee« klarmachte, daß sie nur Familien ausschickten. Jetzt war plötzlich ein frohes »Ja« da. Es wurde gepackt, geplant und veräußert – und der Weg hinaus in das Land, das den Werners so am Herzen lag, war wieder frei.

Liebe alte Freunde in Kabul nahmen die Familie in ihr Haus auf, bis sie eine geeignete Bleibe gefunden hatte. In der deutschen Schule, die von guten deutschen Lehrern geführt und von den Kindern vieler deutscher Familien im Entwicklungsdienst besucht wurde, lebten die Kinder sich rasch ein. Auch das Klima in der von der majestätischen Kulisse des Hindukuschgebirges umgebenen Stadt war angenehm – nicht zu heiß im Sommer und regelrecht kalt, mit Eis, Schnee und Rodelpartien, im Winter.

In den ersten Monaten, in denen zunächst die Pläne für die Augenklinik in Herat fertigzustellen waren, konnte Hans noch bei seiner Familie wohnen. Als dann die Bauarbeiten begannen, kam er jedes zweite Wochenende zu Besuch. Die frohgestimmte Familie holte ihn jedesmal vollzählig am Flughafen ab. Der Abschied vier Tage später war dann weniger fröhlich.

Einmal – es war gerade Gründonnerstag – brachte die kleine Inlandmaschine keinen Vater mit. Telefonieren war nicht möglich über so weite Strecken. Mit langen Gesichtern fuhr die Familie wieder nach Hause. Die Mutter schluckte ihre Tränen hinunter. »Ostern ohne Hans – das ist kein Fest.« – »Aber warum denn nicht, wieso feierst du denn Ostern?« – »Ja, ich weiß, Jesus ist auferstanden, darüber freue ich mich ja auch.« Aber die trüben Gedanken wollten nicht weggehen. Am Karfreitag, dem moslemischen Sonntag, flogen keine Maschinen. Für den Samstag war nur eine Sondermaschine angesagt, um 12 Uhr. Und welche Freude – diesmal stieg Vater aus.

Später, als Hans schon gestorben war, sagte eine liebe Freundin aus Kabul zu Christel über dieses bange Warten auf den Wochenendheimkehrer: »Damals hat Gott dich wohl langsam auf den endgültigen Abschied vorbereitet.«

In der bunt zusammengewürfelten internationalen IAM-Gemeinde fühlte Familie Werner sich rasch zu Hause. Der normale Gottesdienst fand Freitag morgens statt, am Sonntagabend – der Sonntag war ein normaler Arbeitstag – gab es einen Familiengottesdienst, der eine richtige Kraftquelle war.

Als Hans' Vertragszeit sich dem Ende zuneigte, sagte er manches Mal: »In Deutschland fangen wir gleich mit dem Hausbau an. Wenn uns der Herr dann noch einmal hinausführt, haben wir bei der Rückkehr in die Heimat wenigstens ein eigenes Dach über dem Kopf.« An den freien Wochenenden begann er schon mit den ersten Bauzeichnungen. Christel fragte sich immer wieder, wo das Geld zum Bauen herkommen sollte. Ein Grundstock war da, aber würde das reichen? Und kein einziges Möbelstück besaß die Familie. Hans war und blieb zuversichtlich: »Unser himmlischer Vater ist auch Herr über das Geld. Er wird uns zu seiner Zeit geben, was wir brauchen.«

Man kehrte nach Deutschland zurück. Die Familie konnte ein altes Bauernhaus in Leonbronn mieten und bald den Grundstein für ihr Eigenheim legen und den Bau in Gottes Hände befehlen. Die Kinder lebten sich rasch und gern in das Leben auf dem Dorf ein, zumal die fünf Kinder von Hans' Bruder Ernst zum Teil die gleichen Schulklassen besuchten. Eine geistliche Heimat brachten die Kirchengemeinde und die altpietistische Gemeinschaft.

Dann kam eine Anfrage von der Liebenzeller Mission: Könnte Hans für ein Jahr nach Bangladesh, das jüngste Liebenzeller Missionsgebiet, gehen, um als technischer Leiter den Bau eines Krankenhauses zu überwachen? Die Familie wußte, was das bedeutete: Daß der Bau des Eigenheims für ein Jahr unterbrochen werden mußte. Und daß Hans diesmal allein ausreisen müßte. Doch man war sich einig: Wenn Gott ruft, gibt es nur ein »Ja«.

Ein nicht ganz leichter Abschied am Flughafen. In den nächsten Monaten viele lange Briefe, die mit Freuden verschlungen wurden. Und dann der Weihnachtsurlaub, in dem die Familie, wenn auch nur vorübergehend, wieder vereint war.

Der Krankenhausbau in Shantikutir und die geplante Klinik in Mallikbari riefen Hans bis zum Sommer wieder nach Bangladesh. Niemand von uns wußte, daß der neue Abschied auf dem Flughafen der letzte auf dieser Erde war. Wenige Wochen später setzte auf der fast fertigen Missionsstation ein Feuerstoß aus der Maschinenpistole eines Räubers Hans' Leben ein Ende. Mit nur 48 Jahren wurde er nach Gottes unerforschlichem Ratschluß in die Herrlichkeit des Himmels versetzt.

Die Familie war gerade im Gottesdienst, als Christel aus der Kirche geholt wurde. Draußen empfingen sie zwei dunkel gekleidete Frauen der Liebenzeller Mission. Es war einer jener Augenblicke, wo die Zeit stehenzubleiben scheint und man genau weiß, daß nichts mehr so sein wird wie vorher.

Doch wunderbar war, wie Gott, der unseren liebsten Menschen zu sich genommen hatte und nun sich selber um so mehr als Helfer und Tröster anbot, uns durch unseren Schmerz hindurchtrug und nicht fallen ließ. Der Mutter war er ein Trost, den Kindern ein Vater, der ganzen Familie ein Schutz. Mit wehem Herzen drängten sich die Kinder zur Mutter, die sie nun doppelt brauchten.

Liebe Menschen trugen das Leid mit, gaben Nähe und Liebe. Das Haus, das der Vater begonnen hatte, wurde mit der tatkräftigen Hilfe vieler Missionsfreunde fertiggebaut. Wieviel Liebe zum Herrn Jesus und zu den Leidenden und Schwachen in Gottes großer Familie

Liebenzeller Mission
Postfach 1240 · 7263 Bad Liebenzell

Missionsfeste der Liebenzeller Mission
Bild 1: TMT (Teenagermissionstreffen)
Bild 2: EC-Jugendmissionstag
Bild 3: Kindermissionsfest
Bild 4: Pfingst- und Herbstmissionsfest

Fotos: Peter Laqua, Günter Stahl, Joachim Kleemann

J9K92

1
2
3
4
Missionsfeste
der Liebenzeller Mission
Jesus hö
die W
über

zeigte sich jetzt! Das Haus bekam den Namen »Zion« und wurde unter Gottes Schutz gestellt.

Heute sind die Kinder erwachsen. Sie stehen im Glauben an Jesus Christus – das größte Geschenk, das Kinder bekommen können. Das Lachen von Enkelkindern erfüllt das Haus. Und die Mutter und Großmutter faltet oft dankbar die Hände, wenn sie den langen Weg der Liebe, Güte und Weisheit Gottes bedenkt, und sagt mit dem Liederdichter: Gott hat es alles wohlgemacht und alles, alles recht bedacht. Gebt unserm Gott die Ehre!

Christel Werner. 59 Jahre alt. Hausfrau, Mutter und Großmutter. Wohnhaft in Leonbronn. Der Sohn studiert am Theologischen Seminar in Bad Liebenzell.